Bernhard Gehr

Gibraltour

ein Buch über das Radreisen

Besuchen Sie auch meine Internetseite
http://www.aufwanderschaftdurchdeutschland.de

Published by Lulu.com
1. Auflage 1998, 2. erweiterte Auflage 2007
ISBN 978-1-84799-961-0
Text, Fotos, Satz, Umschlaggestaltung: Bernhard Gehr

Kontakt: Bernhard Gehr, Weckerlestraße 15,
D-83278 Traunstein, Email: b.gehr@gmx.de

Ein Manifest für das Radreisen.

Meiner Familie

und allen anderen Radreisenden dieser Welt.

Inhalt

Teil 1

Gibraltour

1.1 Durchs Voralpenland

17. August.

1. Tag, km 0 – km 104

Die letzten Tage – nein, eigentlich die letzten Wochen – waren stressig und ich bin froh, dass es endlich losgeht. So viel Kleinkram war noch zu besorgen oder herumzuschrauben (das Fahrrad ist halb neu), so viel zu organisieren und vor allem zu überzeugen. Alleine nach Gibraltar zu radeln: Natürlich ist das total verrückt, eine unvorstellbare Dimension von Entfernung und Zeit, und das alles auch noch alleine? Ich weiß noch nicht, wie ich damit zurechtkommen werde, ob ich zu mir selbst finden werde und gestärkt daraus hervorgehe, oder ob ich irgendwann vereinsamt und unglücklich die Tour abbreche. Keine Ahnung, aber bald werde ich es wissen.

Gestern ist meine Schwester Monika achtzehn geworden, wir sind jetzt eine vollständig erwachsene Familie. Und ich konnte mich noch mal vernünftig ernähren und meine Kohlenhydratspeicher mit Schwarzwälder-Kirschtorte auffüllen.

Obwohl dies nicht meine erste größere Radltour ist, war das Packen anstrengend und kompliziert. Ich will nicht zu spartanisch dahinvegetieren müssen, aber ich will auch keine unnötigen Kilos über die Alpen schleppen... um so erstaunlicher war dann auch gestern das Ergebnis der offiziellen Fahrradmitgepäckwiegung: Ungefähr fünfzig Kilogramm, das ist ein ziemlich stattliches Wettkampfgewicht! Aber Hannibal hat die Alpen ja bekanntlich mit Elefanten bezwungen, und die sind noch schwerer.

Seit der Probefahrt gestern Abend waren alle Zweifel und zwiespältigen Gefühle wie weggeblasen, unbändige Vorfreude übermannte mich und am liebsten wäre ich sofort losgefahren.

7:20 Aufbruch

Wie in Trance sind die letzten Stunden vergangen. Ich realisiere weder, dass dies meine letzte Nacht in einem vernünftigen Bett für zwei Monate oder mein letztes „gesittetes“ Frühstück war, noch dass ich meine Familie und Freunde so lange nicht mehr sehen werde. Entsprechend merkwürdig fällt dann auch der Abschied aus, meine Eltern und meine Schwester haben Tränen in den Augen und ich freue mich auf die Tour. Voller Elan pedaliere ich die ersten Kilometer nach München. Bei meinem Komilitonen Martin erwartet mich ein tobender weiß-blauer Jubel-

sturm des nächsten Abschiedskomitees, sogar ein weiß-blauer Triumphbogen wurde installiert (von einem Baum zur Dachrinne). Martin, Uli, Nina und Michi sind da, Martin köpft eine Flasche Sekt, während der Rest mein Fahrrad mit Bayern-Fähnchen verziert. Und ein Geschenk gibt's auch noch: ein noch leeres Tagebuch nebst einem „auf nach Bayern"-Cap, in blau, farblich optimal auf meine übrige Ausrüstung abgestimmt. Als letzte Amtshandlung müssen wir dem Radlgott noch ein würdiges Opfer darbringen, und so kippen wir den restlichen Sekt rückwärts über die Schulter ins Hohlbein'sche Grün.

Nach dem obligatorischen Signieren meines Fahrradhelms („iss viel Thunfisch" „Rückenwind" „komm ganz wieder"...) geht es dann ziemlich schnell. Auch dieser Abschied kommt mir ein bisschen irreal vor. Vielleicht liegt es daran, dass auch sie mich insgeheim für „verrückt" halten? Aber vielleicht bilde ich mir das nur ein. In Gedanken bin ich schon sonst wo, nur nicht mehr in München.

Am Marienplatz sehe ich mich nach einem Foto-Opfer um, das heißt nach jemandem, der ein Foto von mir machen kann. Unglaublich aber wahr, ich spreche einen Wanderer an, der, wie er mir erzählt, auf dem Weg nach Venedig ist. Wehmut kommt auf, ich erzähle ihm wie das mit der Idee, alleine nach Gibraltar zur radeln, kam. Denn eigentlich wollte ich ja mit Martin in fünf bis sechs Wochen von München nach Venedig wandern. Man sagt sich zwar immer wieder, dass einem die Alpen ja schließlich nicht weglaufen und dass sie nächstes Jahr nur einen Millimeter kleiner sind, aber trotzdem hadert man ziemlich mit seinem Schicksal. Mein potentieller Mitwanderer hat schon seit längerer Zeit große Probleme mit der Nackenmuskulatur, und nach monatelanger Quälerei und Ärzteodyssee mussten wir die Alpenüberquerung schweren Herzens auf unbestimmte Zeit verschieben. Wir haben uns ein Jahr lang auf diese Tour gefreut, darauf hin trainiert und die Ausrüstung war komplett. Kein Wunder, dass man das Eingeständnis, dass es einfach nicht geht, immer und immer wieder hinausschiebt.

Innerhalb einer Woche plante ich um: Die Gibraltour spukte schon länger in meinem Kopf herum, nur hatten mir bisher Zeit und Mut dafür gefehlt. Kurz entschlossen nahm ich die vielleicht einmalige Chance, diese Tour zu fahren, wahr – mit einem lachenden und einem weinenden Auge.

Und noch einmal starte ich zur großen Reise. Ich rolle nach Pasing und kehre München den Rücken zu. Erst ab Gräfelfing, als es etwas ländlicher wird und Weiden und Wälder die Straßen säumen, kommt das richtige Tour-Feeling auf. Der Stress der letzten Tage fällt von mir ab, die Gibraltour beginnt, und zum ersten mal fühle ich mich so richtig frei.

Über Nebenstraßen teilweise abenteuerlicher Natur geht es nach Herrsching, wo ich nach einer flotten Abfahrt den Ammersee erreiche. Ich lege die erste größere Pause ein, es hat gute dreißig Grad und ich vernichte das letzte Vollkornbrot von meiner Mutter. Ein bisschen schaue ich mir das bunte Touri-Treiben um den Dampfersteg an, dann fahre ich ein paar Kilometer weiter am See entlang und finde einen schönen Badeplatz. See und Siesta, perfekt.

Später, als die brütende Hitze langsam nachlässt, fahre ich weiter nach Dießen und einen recht happigen Anstieg hinauf nach Rott und Reichling. Sehr bodenständige Gegend, hügelig, viele Weiden und Misthaufen. Ich habe hier keine Chance mehr auf einen Supermarkt oder ähnliches, also besuche ich die örtliche Dorfwirtschaft (es gibt wirklich nur eine!). Offenbar bin ich hier in Bayerns tiefster Provinz gelandet. Ein quadratischer Gastraum, umgeben von holzgetäfelten Wänden, hier und da wurden eher zufällig Zinnteller und Geweihe drapiert. An zwei Tischen sitzen Eingeborene unterschiedlichen Alters, ausnahmslos männlich. Lautstark unterhalten sie sich über Motorräder und den nächsten Autokundendienst. Eine alte Frau, die sich nur noch mühsam fortbewegen kann, bedient und offenbart mir, dass es zum Essen nur Brotzeiten gibt. Nicht, dass mich das hier sonderlich überraschen würde, aber ich habe einen Riesen-Kohldampf und vertilge, den Eingeborenen lauschend und Fliegen vertreibend, gleich zwei Brotzeiten. Später beginnen die Ureinwohner dann sogar noch damit, anhand der BILD die Weltnachrichten zu diskutieren, was insgeheim sehr erheiternd ist.

Die Jungwirtin gibt mir noch den Tipp, dass man hier am besten unter der Lech-Brücke schlafen kann, und so mache ich mich zur rasanten Abfahrt zum Lech auf. Die erste Nacht alleine gerät dann etwas merkwürdig – nicht zuletzt, weil alles so beeindruckend laut hallt unter der großen Betonbrücke. Und ab neun Uhr war es stockfinster.

2. Tag, km 207

Endlich habe ich heute dieses Schwaben verlassen. Wahnsinn! Selten habe ich eine so verlassene Gegend und so abweisende Dörfer erlebt, und das mitten in Bayern... Sobald ich in diesen Dörfern anhalte, fühle ich mich unwohl. Trotz allem war diese Episode soziologisch sehr interessant. Der typische Schwabe zwischen Dießen und Kaufbeuren verabscheut Supermärkte und sonstige Lebensmittelläden in seinem Dorf und seiner unmittelbaren Umgebung. Dafür nimmt er gerne weite Strecken in seinem tiefer gelegten Golf GTI auf sich. Daraus ergibt sich dann auch schon der Sinn und Zweck all seines Strebens: Das Auto bzw. Motorrad dominiert seine Gehirnwindungen, Stammtische und Kontoauszüge. Weiterhin weist der typische Schwabe, den man auf der Straße antrifft, ein Durchschnittsalter von siebzig Jahren auf, während das am Stammtisch bei dreißig Jahren liegt. Diese offensichtliche Diskrepanz wäre ein interessantes Forschungsgebiet: Sind die schwäbischen Wirtshäuser tatsächlich der seit Jahrtausenden von der gesamten Menschheit gesuchte Jungbrunnen, oder werden die Schwaben ab einem gewissen Alter nicht mehr ins Haus gelassen? Fragen über Fragen.

Was gibt es sonst noch über die Schwaben zwischen Dießen und Kaufbeuren zu sagen? Eigentlich nicht viel, außer dass sie ihre Ortschaften bevorzugt auf Hügeln errichten, was der arme Reiseradler dann ausbaden muss, ohne GTI natürlich.

Nach dem Aufstehen – ich hatte nichts mehr zu essen, da mich die schwäbischen Käffer supermarktmäßig schon gestern so schmählich im Stich gelassen hatten – bewege ich mich von regelmäßigen Regenschauern begleitet auf Futtersuche gen Westen. Schon am zweiten Tag meiner Reise habe ich das Ende der Welt erreicht. Kaum zu glauben, aber bis kurz vor Kaufbeuren, wo die Zivilisation langsam wieder beginnt, ist nichts Essbares aufzutreiben! Nach dem heiß ersehnten Beutezug beim

Metzger fliehe ich vor einem Platzregen in die nächste Bushaltestelle, wo ich dann am frühen Nachmittag frühstücke.

In Kaufbeuren, das mir auch sonst ganz gut gefällt, imponiert mir vor allem das reichhaltige Supermarktsortiment. Und damit ich nie wieder ganz auf dem Trockenen sitzen muss, lege ich einen kleinen Vorrat an. Der weitere Weg nach Kempten verläuft trocken und trotz des üblichen Auf und Ab (bis sechzig Stundenkilometer) erstaunlich flott, so dass ich beschließe, noch bis Isny weiterzufahren. Nach einem zünftigen dreihundert-Höhenmeter-Anstieg geht es nur noch bergab, das Allgäu gefällt mir gleich deutlich besser!

3. Tag, km 281

Heute habe ich den Bodensee erreicht. Den nahenden Alpen sehe ich mit gemischten Gefühlen entgegen. Gemischt deshalb, weil ich zwar bis jetzt rein rechnerisch jeden Tag einen „halben Pass“ gefahren bin, aber ein Pass doch etwas gigantisches, kühnes und prinzipiell radlerfeindliches darstellt. Man kann sich vorher immer nicht vorstellen, dass auch die Bewältigung eines sehr hohen Passes ganz einfach mit ausreichend vielen einzelnen Kurbelumdrehungen zu schaffen ist.

Ich rolle mit bedeutend mehr Wetterglück als gestern zunächst nach Wangen. Das Allgäu ist Deutschland „wie aus dem Bilderbuch“: Grüne Wiesen, ewig wiederkäuende Kühe und schmale Straßen in leicht gewellter Landschaft. Und die Städte (na gut, nicht alle) scheinen wie gemalt: Viele Fachwerkbauten, verwinkelte Gässchen, Tore und Stadtmauerreste. Wangen gefällt mir gut, es ist touristisch noch nicht ganz so überlaufen. Je näher ich dem Bodensee komme, desto dominierender werden die Apfelbäume. Zunächst säumen sie nur alleeartig die Straßen und Wege, bis sie sich zu riesigen Plantagen sammeln. Die Straßen sind mit Fallobst übersät, und das Summen der aufgescheuchten Fliegen begleitet mich hinab zum Bodensee.

In Lindau empfinde ich die Touristen-Ströme als unerträglich und bin froh, als ich wieder aufbreche. Lindau lebt wohl nicht nur vom, sondern auch für den Tourismus! Nach der Flucht schließe ich mich der Radl-Karawane um den See an, „Bodenseeradwanderweg“ genannt, die sich mit einer konstanten Geschwindigkeit von zwölf Kilometern pro Stunde um den Bodensee windet. Das gemeine daran ist, dass sie das in beide Richtungen tut, was das Überholen unmöglich macht. Das Stück bis Bregenz, gerade einmal 15 Kilometer, stellt meine Nerven auf eine ernsthafte Bewährungsprobe.

Während die ausgeschilderten Radwege im Allgäu allesamt wunderschön waren, ist die Bodenseekarawane hier alles andere als romantisch: Eingekeilt zwischen Eisenbahn, Uferbundesstraße, Badeanlagen und See! Als ich in Bregenz auf dem Campingplatz vom wohlverdienten Bad im See zu meinem Zelt zurückkomme, hat sich neben mir ein anderer Radreisender breit gemacht. Ulf kommt aus Frankfurt und ist ein ziemlich hartgesottenes Exemplar. Auf den ersten Blick etwas harmlos scheinend, erzählt er mir, dass er schon mal drei Monate durch Alaska gefahren sei, durch Neuseeland und auch durch Südostasien. Nicht schlecht. Ein amerikanischer Freund von ihm sei seit vier Jahren unterwegs, die Welt komplett zu erradeln. Wie klein und nichtig da meine Tour durch halb Europa erscheint! Im Moment ist Ulf eineinhalb Wochen mit Minimalgepäck durch die Schweiz unterwegs, und nach Chur fährt er auch – morgen, mit mir.

4. Tag, km 378

Die erste Alpenetappe führte mich heute in die Schweiz, das Land der Milka-Kuh und der Heidi-Almwiesen, wo man „grüazi“ sagt und die Tür „stößt“ und wo man keinen Strafzettel bekommt, sondern „gebußt wird“. Von Bregenz aus rolle ich mit Ulf die letzten Kilometer durch Österreich, bevor es dann rheinaufwärts in die Schweiz geht. Der ausgeschilderte Radweg führt größtenteils auf einem Hochwasserdamm entlang, schnurgerade, und idyllisch zwischen Autobahn, Hochspannungsleitungen und vollständig kanalisiertem Rhein gelegen.

Die Schweizer, die uns unterwegs begegnen, sind alle ausgesprochen nett und gesprächig. Anfangs verstehen wir sie auch noch ohne größere Probleme. Es ist eine schöne Abwechslung, mal wieder zu zweit zu radeln: Es ergeben sich Gespräche und außerdem Windschatten. Während der Pausen erzählt Ulf viel von seinen Radfernreisen, Laos ist wohl ein echter „Geheimtipp“. Jedoch ist Ulf ziemlich fit und hat nur halb so viel Gepäck wie ich, was diese Etappe ziemlich anstrengend macht.

Vorbei an Liechtenstein, in Bad Ragaz, verlassen wir das Rheintal erst mal. Von hier geht es hoch zum Kunkelspass (1357 m). Der direkte Weg nach Chur immer am Rhein entlang ist uns nämlich zu langweilig geworden, und wir wollen noch ein bisschen was sehen von den sich langsam links und rechts auftürmenden Gebirgen. Fast unbemerkt haben

uns die Alpen umschlossen. Erst in zwei Wochen werden sie mich wieder entlassen – am Mittelmeer!

Der Kunkelspass hat es ganz schön in sich. Schon beim ersten Steilstück schwitzen wir Rotz und Wasser, und natürlich fragen wir uns bald, ob das denn wirklich sein musste. Die sich langsam aufbauende Bergkulisse lässt einen diese Zweifel jedoch schnell vergessen. In Serpentinen geht es hoch ins Tamina-Tal, bald finden wir uns in einer tiefen Schlucht wieder, bevor es nach einer Zwischenabfahrt zum Tamina-Stausee endgültig zum Pass hinaufgeht. Die schmale noch asphaltierte Straße windet sich nach Kunkels hinauf, während sich links und rechts gewaltige Felswände auftürmen. Besonders sei das Massiv der Calanda erwähnt, nach dem eine äußerst beliebte Churer Brauerei benannt ist. Außerdem versichert uns eine alte Frau aus Kunkels glaubhaft, der Herrgott habe den Gebirgszug der Calanda in einem Zug erschaffen. Hut ab!

Nach dem Weiler Kunkels hat der geteerte Luxus dann ein Ende: Die letzten dreihundert Höhenmeter windet sich eine einspurige Schotterstraße zum Pass empor, mit teilweise sehr beachtlichen Rampen (über fünfzehn Prozent!).

Ab Kunkels verkehren zwar keine Postbusse mehr, die sonst jeden Winkel der Schweiz erschließen, aber einige motorisierte Bergbewohner erschweren uns das Leben zusätzlich und zwingen uns zu abenteuerlichen Ausweichmanövern.

Endlich oben am Pass und mit den Kräften total am Ende sehen wir uns nach einem geeigneten Platz zum Zelten um, und mit offizieller Genehmigung des Hüttenwirt-Ehepaares machen wir uns nur wenige Höhenmeter unterhalb der Passhöhe breit. Von der Hüttenwirtin nehmen wir uns noch zwei 58 Zentiliter-Calanda-Biere mit (ein halber Liter Bier ist den Schweizern offenbar ein Schluck zu wenig... und außerdem sehen diese 0,58 Liter-Flaschen ungemein martialisch aus!) und von der kleinen Tochter die Erkenntnis, dass nicht alle deutschsprachigen Schweizer auch Deutsch verstehen und sprechen können müssen.

Unser Zeltplatz ist einfach grandios: Eine Almwiese, umgeben von Felswänden, die noch ein paar allerletzte Sonnenstrahlen abbekommen. Die Wölkchen am Himmel färben sich rosa, bevor es schnell finster wird und die Sterne funkeln... Der Kocher wummert, es gibt – was sonst – Nudeln mit Tomatensauce, zur Feier des Tages mit Thunfisch verfeinert. Jeder schaufelt ein halbes Pfund bis zum totalen K.O. in sich hinein, dann liegen wir wie volle Mehlsäcke in der buckligen Almwiese, satt, zufrieden und todmüde. Mit einer 58cl-Calanda-Bierflasche in der Hand.

5. Tag, km 396

Heute ist nach den gestrigen Strapazen erstmal Ausschlafen angesagt. Erst spät schälen wir uns aus den Schlafsäcken und verlagern das Herumliegen in die Wiese, wo es ununterbrochen in den verschiedensten Tonlagen summt und brummt. Die Sonne traut sich nur zögerlich hervor.

Zum Frühstück gibt es Porridge, und Ulf meint, ein Patentrezept gegen Anbrennen gefunden zu haben: Erst das Wasser zum Kochen bringen, dann den Kocher ausmachen und die Haferflocken rein kippen. Der Rest geht angeblich von alleine. Mal schauen. Eine Delikatesse ist es sowieso, verfeinert mit Rosinen und Bananen.

Es ist während der ganzen zwei Tage, die ich mit Ulf unterwegs war, interessant zu sehen, mit welcher Ausrüstung er fährt, wie er seinen Tag einteilt und welche Handgriffe er anders erledigt als ich. Jedoch kann er einem mit seinen endlosen Abenteuergeschichten aus Alaska, Laos und weiß-der-Teufel-wo auch ziemlich auf den Geist gehen. Stets an der Grenze zur Arroganz, nicht unbedingt unglaubwürdig, aber eben unnötig hochnäsig. Als ich Porridge koche, erzählt er mir, dass er sich schon mal drei Wochen lang davon ernährt habe (armer Kerl!); als es zu tröpfeln beginnt, dass er in Alaska wochenlang durch eines der regenreichsten Gebiete gefahren, nein, gewatet sei, und auf dem Rheintal-Radwanderweg, dass er in ganz Laos nur einen einzigen anderen Radler getroffen habe.

Mittags brechen wir unsere Zeltburg ab und begeben uns auf die Abfahrt nach Chur. Bis ins Rheintal hinab ist die Straße nicht geteert, was den Abenteuerwert ungemein erhöht. Helm auf, Leinen los. Im Sturzflug (wieder durchschnittlich fünfzehn Prozent Gefälle) rollen wir hinab, Schlaglöcher und Steinblöcke umsteuernd, in ständiger Besorgnis um die akut ansteigende Felgentemperatur. Die Schweizer haben sich hier so richtig was einfallen lassen, wir müssen durch einen rustikal in den Fels gesprengten, dreihundert Meter langen Tunnel, ohne Beleuchtung, dafür mit liebevoll gesprengten Fenstern.

Die 750 Höhenmeter sind in Null Komma Nichts verbraten, und mein Fahrrad ist gesund davongekommen. Ulf aber ist über einen Felsblock gedonnert, ein unaufmerksamer Augenblick genügt, und nun weist seine hintere Felge zwei beachtliche Macken auf: Die ist schrottreif! Die halbe Abfahrt bewältigte er mit schleifender Hinterbremse.

Unten geht's dann gewohnt idyllisch rheinabwärts nach Chur. Beim ersten Velo-Laden machen wir halt. Ulf hat Freunde in Chur, gibt sein Fahrrad zur Reparatur, zückt sein mitgeführtes Handy, erkundigt sich, wie er am besten zu seinen Churer Freunden kommt und ist auch schon weg. Aus der Spuk. Wieder alleine stehe ich vor dem Veloladen, und es beginnt zu tröpfeln. Aus dem Laden höre ich einen lauten Knall, der Mechaniker hat wohl einen Schlauch zu fest aufgepumpt... ich gehe hinein und frage nach dem Wetter. Am Samstag soll es den ganzen Tag regnen, bis auf 2000 Meter hinunter sogar schneien, am Sonntag jedoch besser werden. Meine geplanten Pässe nach Martigny liegen beide über der Zweitausenmeter-Marke. Außerdem erfahre ich, dass am Wochenende in Chur das größte Fest des Jahres stattfindet. Was gefeiert wird, konnte er mir nicht sagen, jedenfalls sollen da 90.000 Menschen auf den Beinen sein. Na gut, lege ich halt morgen noch einen Ruhetag ein!

Rege Schauertätigkeit begleitet mich zum örtlichen Campingplatz, ich bin sehr unmotiviert. Ich starre Löcher in die Luft. Bis alles im Zelt (diesmal mit Regen-Vordach) verstaut ist und ich beim Supermarkt bin, vergeht eine Ewigkeit. Den Rest des Tages verbringe ich „Süddeutsche“ lesend und Tagebuch schreibend unter dem Vordach der sanitären Einrichtungen. Hier ist es wenigstens trocken und erheblich geräumiger als im Zelt. Genau gegenüber meines Sitzplatzes steht ein Wohnwagen mit psychedelischem Vorzelt, orange-dunkelgrün-längsgestreift. Nach einer Stunde sehe ich überall solche Streifen. Ich beobachte die Wolken, wie sie die Felswände und Berghänge hinunter klettern. In der Nacht gibt es Dauerregen.

6. Tag, km 396

Morgens tröpfelt es noch, und im Laufe des Vormittags hört es ganz auf zu regnen. Nach einer tributpflichtigen warmen Dusche mache ich mich auf, etwas von Chur und dem sagenumwobenen „Churer Fest“ zu sehen. Angeblich ist Chur die älteste Stadt der Schweiz, ganz sicher aber sehr sehenswert. Verwinkelte Gassen, Giebel und Arkaden. Heute ist die gesamte Altstadt ein einziges Bierzelt, überall Stände mit urtümlichen oder internationalen, auf jeden Fall aber nicht ganz billigen Speisen. Ein bun-

tes Treiben, Musiker und Bands versuchen sich gegenseitig zu übertönen, Clowns treiben ihr Unwesen, es zischt, dampft und duftet an jeder Ecke. Genauso brodeln die Wolken, die nach und nach gegen die warme Augustsonne den kürzeren ziehen... ein wundervolles Schauspiel, unvergesslich intensiv. Ich lasse mich von der Menge mehrmals durch die gesamte Altstadt spülen, so dass auch dieser Ruhetag etwas anstrengender wird.

Leider muss die Frage nach dem Anlass für das „Churer Fest", das jedes Jahr zur selben Zeit stattfindet und ein großer Publikumsmagnet ist, unbeantwortet bleiben. Auf meinen Versuch hin, es einem Einheimischen zu entlocken, zuckt dieser ratlos mit den Schultern, überlegt und sagt dann befreit: „Saufen; Feiern und Saufen!". Diese These ist unbestritten, worauf auch die zahlreichen Calanda-Bräu-Stände, -Container und -Bierzelte hinweisen.

Ein anderes schweizer Rätsel konnte ich jedoch lösen, nämlich wo die Myriaden von gelben Postbussen herkommen, die bis ins letzte Bergkaff ausschwärmen. Es gibt mitten in Chur ein architektonisch wirklich wertvolles Quartier, wohin die gelben Postbusse regelmäßig zur Nahrungs- und Fahrgastaufnahme zurückkehren. Und für schweizer Verhältnisse geht es hier zu wie im Bienenstock.

1.2 Die Alpenüberquerung

7. Tag, km 501

In der Früh ist es saukalt und es tröpfelt auf mein Zelt – glücklicherweise nur von den Bäumen, denn der Wettergott ist mir heute wohlgesonnen und es wird ein wunderbarer Radltag. Das Zelt abbauen gerät jedoch erstmal zur Schlammschlacht, die zwei Regentage haben deutliche Spuren hinterlassen.

Die heutige Etappe verläuft eigentlich ganz einfach: Immer nur rheinaufwärts, bis zur Quelle. Der Oberalppass, mit 2044 Metern mein erster größerer Alpenpass, wird mich nach Andermatt bringen.

Ein alter Schweizer mit wettergegerbtem Gesicht und krummen Zähnen, den ich nach dem Weg frage, erklärt mir, dass ich bald in eine Gegend komme, in der überwiegend Rätoromanisch gesprochen wird. Angeblich ist das dem Spanischen sehr ähnlich. So verwundert es nicht, dass ich auch vom Rätoromanischen kein einziges Wort verstehe.

Ein frischer Rückenwind treibt mich rheinaufwärts. Ich schraube mich in die Höhe, an einigen hässlichen Skiorten vorbei, und werde von unzähligen Sonntags-Motorradfahrern überholt. Die letzten Serpentinen fordern die restlichen Kraftreserven heraus, immerhin ging es heute insgesamt über 2000 Höhenmeter bergauf. Die wunderschöne Bergkulisse und die ungläubigen Blicke der Autofahrer lassen mich die Strapazen jedoch

schnell vergessen. Wie im Sturzflug geht es dann hinab nach Andermatt und in den Kanton Uri, in dem es nur einen einzigen Campingplatz gibt. Dieser besteht aus einer grünen Wiese und einer Sanitär-Baracke, aber immerhin sind die warmen Duschen umsonst. Abends kommt ein Alm-Öhi zum kassieren... alles sehr kultig.

Hier treffe ich Christiane alias „Floh“, die seit einer Woche alleine in der Schweiz unterwegs ist. Weil sie vergessen hat, dass heute Sonntag ist, besitzt sie nur noch minimale Essensvorräte, die Sparta zur Ehre gereicht hätten. Also kochen wir zusammen und es wird ein recht gemütlicher Abend.

Die Nacht ist klar, es kühlt bis auf fünf Grad ab und man sieht gigantisch viele Sterne. Realp liegt auf über 1500 Meter Höhe; Milchstraße gesehen und zwei Sternschnuppen.

8. Tag, km 527

Ich bin jetzt schon eine Woche unterwegs, und ich bereue es wahrlich nicht, losgefahren zu sein. Mir ist weder langweilig, noch bin ich einsam. Die Zeit zum Tagebuchschreiben muss ich mir fast „klauen“, eigentlich ist immer irgendwas zu tun oder ich bin zu erledigt für derlei hochgeistige Ergüsse.

In der Früh gibt es erstmal Porridge, und während wir es verspeisen, ziehen sehr schnell dunkle Wolken auf, bis es schließlich sogar zu tröpfeln beginnt. Na super. Da ich kein nasses und damit noch schwereres Zelt den Berg hinauffahren will, packe ich in Rekordzeit zusammen und lausche dann dem inzwischen ganz gut plätschernden Regen von der Sanitär-Baracke aus. Es ist bei diesem Sauwetter ein sehr ungemütlicher Gedanke, noch fast tausend Höhenmeter zum Furkapass hinauffahren zu müssen. Aber es hilft ja nichts, und außerdem wird das Wetter vom Zuschauen auch nicht besser, jedenfalls nicht heute. Floh will über den St. Gotthard nach Italien fahren, wo sie am Lago Maggiore ihren Bruder trifft. Da mir Italien aber leider gar nicht ins Konzept passt, trennen sich nach ein paar Kilometern auch schon wieder unsere Wege.

Der Regen legt noch eins drauf und ich fliehe in den örtlichen Supermarkt, wo ich das Nötigste für den Pass einkaufe. Heute sind das vor allem Süßigkeiten. Wenn es kalt ist und regnet, dann braucht man Süßkram in rauhen Mengen. Geistesgegenwärtig schiebe ich noch zwei Plastiktüten von der Obsttheke ein, die mir meine Zehen vor dem erbärmlichen Tod durch Erfrieren retten sollen, doch dazu später.

Erstmal wieder hinaus in den Regen, der mich mehr oder weniger stark den ganzen Tag begleitet. Direkt hinter Realp beginnt der Anstieg zum 2431 Meter hohen Furkapass, dem Übergang ins Rhônetal. In steilen

Serpentinen geht es sofort kräftig zur Sache: Durchschnittlich zehn Prozent Steigung. Es ist kalt und ich fabriziere mit meinem Atem Wölkli wie eine Dampflok.

Bevor der Regen eine unangenehme Stärke erreicht und damit beginnt, meine Schuhe durchzunässen, verpacke ich meine Füße samt Socken in den Plastiktüten von vorher. Lieber nass von warmen Schweiß als nass vom eiskalten Regen!

Als die Serpentinen zu Ende sind und es „nur" noch schräg einen kahlen Berghang hochgeht, erschwert ein eisiger Gegenwind zusätzlich das Vorwärtskommen. Die Temperatur fällt bis zur Passhöhe auf fünf Grad, das ist nicht mehr wirklich viel. Gerade dass es nicht schneit!

Nach 900 brutalen Höhenmetern habe ich, total von innen und außen durchnässt, die Finger fast abgefroren, die höchste Passhöhe meines bisherigen Radlerlebens erreicht. Glücklicherweise haben die Schweizer nicht vergessen, oben ein Gasthaus hinzustellen. Hier trockne ich Jacke, Schuhe, Handschuhe und was man sich sonst noch so vorstellen kann und trinke heiße Schokolade und Tee. Mitgebrachtes wird verzehrt, bei dieser Schweinekälte ist der Energiebedarf enorm. Semmeln, Landjäger, Bananen, Schokolade, Kekse, Rosinen, Nüsse... ich esse alles was nicht niet- und nagelfest ist.

Der Blick aus dem Fenster zeigt, dass irgend jemand den Wettergott gestern in überaus erheblichem Ausmaß erzürnt haben muss. Der Himmel hat seine Schleusen nun endgültig geöffnet, es schüttet infernalisch.

Mitten in diese meteorologischen Überlegungen platzt eine schweizer Schulklasse. Zwanzig vollständig durchweichte und absolut unzureichend ausgerüstete Jugendliche stürmen das Restaurant, schlotternd und bibbernd. Sie machen eine kleine Radltour durch die Heimat, einen Schulausflug, warum nicht mal einen Pass fahren?!? Mit ihnen kommt ordentlich Stimmung ins Haus!

Nach einer langen Mittagspause ist meine Jacke wenigstens so trocken, dass sie nicht mehr tropft. Ich packe mich mit so ziemlich allem, was ich an Kleidung dabei habe, ein und beginne die Abfahrt. Anstatt wie erhofft nachzulassen, steigert sich der Regen im Verlauf der Abfahrt bis zum permanenten Wolkenbruch. Sturzbäche ergießen sich quer über die

Fahrbahn. Ich halte bei jeder der seltenen überdachten Möglichkeiten, um meine erfrierenden Finger wiederzubeleben.

Weiterhin gewinnt die Abfahrt durch viele Baustellen an Reiz. An einer höre ich die wetterfesten Bauarbeiter eine Volksweise in den Regen grölen... Endzeitstimmung.

Bei einer neuerlichen Finger-Reanimationspause vor einem Hotel habe ich die Schnauze endgültig voll, ich gehe hinein und nehme mir ein Zimmer. Heute besteht absolut keine Chance auf Wetterbesserung, und unter solchen Umständen ist Zelten reine Quälerei!

In diesem Hotel trifft man sich wieder. Die gesamte Schulklasse übernachtet hier, und ich treffe Martin wieder, den ich schon während der Abfahrt in einem Unterstand getroffen habe. Das war vor dem Hotel Belvédère, das seinen Namen der angeblichen Aussicht auf den Rhône-Gletscher verdankt. Bei Sichtweiten unter 50 Metern konnte man heute statt dessen nur graue Schleier bestaunen... Jedenfalls blieb Martin am selben Hotel hängen, wir kochen zusammen auf der steinernen Fensterbank und fahren morgen gemeinsam rhôneabwärts ins Wallis.

9. Tag, km 648

Es ist schon ein merkwürdiges Gefühl, in einem richtigen Bett aufzuwachen. Am meisten irritieren mich jedoch die zahlreich angebrachten Spiegel, aus denen mir inzwischen ein halbwegs vollbärtiger Messner-Verschnitt entgegen grinst...

Der Blick aus dem Fenster offenbart eine Wetteränderung um 180 Grad. Die grauen Regenwolken vom Vortag sind wie weggeblasen, und die Sonne lacht mich an. Erst jetzt realisiere ich, wo ich gestern im Blindflug heruntergefahren bin, denn von Gletsch aus hat man einen wunderbaren Überblick über den gesamten Furkapass. So sehe ich auch noch das kläglich in die Höhen der Bergwelt vertriebene Ende des Rhône-Gletschers. Heute werden wir der Rhône von der Quelle aus folgen und fast 1200 Höhenmeter verlieren.

Martin hat nur das Minimal-Gepäck dabei: Kein Campingzeug, keinen Kocher, nicht einmal einen Löffel. Er kommt aus dem Schwarzwald und macht gerade eine Zimmererlehre, bevor er noch irgendwas studieren will. Jetzt hat er mit dem Radl seinen Bruder besucht, der für drei Monate auf einer Graubündner Alm Kühe melkt.

Eine wieder mal sehr frische Abfahrt bringt uns endgültig ins Wallis und der französischen Schweiz immer näher. Der Übergang ist fließend, bis man in Sion dann praktisch nur noch Französisch hört.

Nicht nur die Sprache, auch das Klima wandelt sich deutlich: Es wird mediterran! Pinien und sonstiges südliches Gewächs sorgen für den entsprechenden Duft. Mir wird bewusst, wie weit ich eigentlich schon geradelt bin.

Am Oberlauf der Rhône bis Brig radelt es sich sehr schön. Wunderbares Panorama, malerische Dörfer mit uralten tiefbraunen Holzhäusern säumen den Weg. Ich kann mich kaum satt sehen an den wundervollen Hütten und Holzburgen, die liebevoll mit Geranien geschmückt sind.

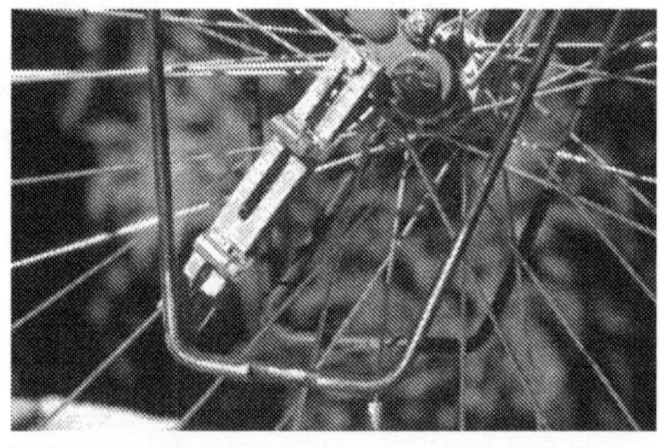

In Fiesch ereilt mich die erste ernsthafte Panne der Tour. Am Lowrider-Gepäckträger bricht eine Befestigung, so dass die rechte Packtasche ziemlich frei schwingen kann. Mein Werkzeug ist jedoch umfangreich genug: Der Gepäckträger wird geschient und das ganze mit Zwei-Komponenten-Kleber und Rohrschellen fixiert. Das hält bis nach Gibraltar.

Unterhalb von Brig degeneriert das Rhône-Tal bald zu einem industrie- und transitgebeutelten Alptraumtal, fast vergleichbar mit dem Etschtal oder Ähnlichem. Die einzige Bundesstraße ist unerträglich stark befahren, Autogestank liegt in der Luft, kurzum: Hier macht vélofahren keinen Spaß mehr! So oft es irgend geht weichen wir auf den ausgeschilderten Rhône-Radwanderweg aus, was zwar viele Umwege bedeutet und in dessen Verlauf man sämtliche Industriegebiete und Kläranlagen dieses Alpentales erleben kann. Das stellt jedoch noch das bei weitem geringere Übel dar.

Ein starker Gegenwind pfeift das Tal hinauf und macht das Weiterkommen anstrengend. Ich freue mich über das gut funktionierende Windschattenfahren, was heute eine große Erleichterung darstellt.

Im oberen Rhônetal traten zögerlich die ersten Weingärten auf, und im weiteren Verlauf entwickelt sich das Tal zu einer einzigen Obstplantage. Es ist sehr von Vorteil, hier im Herbst durchzuradeln, und man sollte nicht vergessen, das erbeutete Obst durch Wasseranwendung von seinem Pestizid-Film zu befreien.

In Sion, das sich um die Austragung der olympischen Winterspiele 2006 bewirbt (überall hängen Transparente und dergleichen), trennen sich dann unsere Wege. Martin übernachtet in der Jugendherberge, während ich noch ein paar Kilometer zum nächsten Campingplatz fahre. Abends steht mein Zelt dann zum ersten mal unter Pinien. Die Sprache, das Flair der Dörfer, die Campingplatzeinrichtung... alles ist französisch. Ich kann es kaum erwarten, morgen die Grenze zu passieren.

10. Tag, km 713

Wie's der Zufall will treffe ich in der Früh nach wenigen Kilometern wieder auf Martin... inzwischen sind wir fast schon unzertrennlich, und so fahren wir gemeinsam nach Martigny.

Hier in der französischen Schweiz wird nicht nur das Baguette besser und die Städte mediterraner, sondern auch der betonklotzige Baustil und ein lasches Umweltbewusstsein halten Einzug. Im nur für leidenschaftliche Kubisten interessanten Martigny gibt es dann erstmal ein gemeinsames Frühstück vor dem Supermarkt, bevor wir zur Post gehen: Martin braucht Geld und ich schicke ein paar Kilo Landkarten nach Hause. Dann trennen sich unsere Wege endgültig. Er fährt zum Baden an den nahen Genfer See und dann mit dem Zug nach Hause, während ich das mir inzwischen verleidete Rhônetal endlich über den Col de la Forclaz (1526 m) verlasse.

Brutal steil und wolkenlos heiß geht es über tausend Höhenmeter hinauf. Die Sonne verbrennt mir unbarmherzig die Nase, was mich zum permanenten Einsatz des „Auf-nach-Bayern"-Caps zwingt.

An der Passhöhe hat sich ein vierköpfiger Bugatti-Club versammelt. Angestrengt schrauben sie an einem der Prachtexemplare herum. Ich bin ja wahrlich kein Experte, aber die Dinger haben sogar vorne eine Kurbel zum Starten und sind auf jeden Fall altehrwürdig. Diesen Pass zu bezwingen muss für sie eine ähnlich große Herausforderung gewesen sein wie für mich.

Unter grandiosem Panorama rausche ich dann ins Tal hinab. Bevor es zum nächsten Pass hinaufgeht, dem 1461 Meter hohen Col des Montets, überfahre ich die Grenze nach Frankreich.

Während ich mich die nicht zu steile Straße hinaufkurble, empfängt mich Frankreich mit immer häufiger werdenden Ausblicken auf die grandiosen Viertausender. Ewiges Eis, unbeschreiblich majestätisch. Unberührt, unantastbar, wie von einem anderen Stern stehen sie da: Mont Blanc und die tausend Aiguilles. Zum Greifen nah und doch unerreichbar.

So ähnelt auch der Campingplatz in Argentière kurz vor Chamonix eher einem Basislager. Alle sind gut ausgerüstet, exotische Zelte überall, und weit und breit ist kein einziger Campingstuhl zu sehen!

11. Tag, km 805

In der Früh ist es eisig kalt und das Basislager erwacht mit den ersten Sonnenstrahlen. Argentière liegt auf 1200 Metern Höhe. Bei dem ganzen Karabinergeklimper und Eispickel-Gehabe fragt man sich, wie viel da vor allem auf englischer Seite nur Gepose ist... für an g'scheiden Berg steht man schließlich nicht erst um acht auf, gell!

Chamonix selbst präsentiert sich dann als das Poser-Eldorado schlechthin. Fast kilometerweit kann man an exklusiven Ausrüstungsläden vorbeischlendern, oder man kann sich mit Klettergurt und zwei Eisgeräten in der Fußgängerzone aufstellen. Doch all das trübt nicht meine Begeisterung. Über allem thront das Mt.-Blanc-Massiv, und ein funkelnder Gletscher, das „mèr des glaces", ergießt sich tief ins Tal hinab. Aufbruchstimmung liegt in der Luft!

Bevor es dann endgültig Abschied nehmen heißt vom Tal der Superlative gibt es noch einige schöne Natur-Kletterwände direkt neben der Straße zu bestaunen, die gesprenkelt sind von Poservolk (in wessen Materialschlaufen passen am meisten Karabiner?!?). Es fällt mir schwer, mich vom faszinierenden Anblick der Eisriesen loszureißen, die wie Sahnehäubchen auf „normale Dreitausender" aufgesetzt sind. Eine rauschende Abfahrt nach Sallanches versüßt mir den Abschied, bevor ich dann hinauf nach Megève doch noch zu meinen tausend Höhenmetern komme. Und weil ich dachte, das wär's für heute, und nach Albertville könne ich es laufen lassen, haben die Franzosen eine hübsche Umleitung installiert, die mir noch einmal zu einem 250-Höhenmeter-Anstieg verhilft. Kurz nach Albertville finde ich dann einen kleinen Campingplatz mit sehr gesprächiger Inhaberin. Sie legt mir für morgen den Col de la Madelaine ans Herz... mal sehen, ob ich mir das tatsächlich antun soll.

Langsam nehme ich wahr, wie sich mein Körper, respektive die Waden und Oberschenkel, auf die täglichen Passfahrten einstellt. Es geht immer besser und die Steigungen machen mir nur noch wenig aus, doch trotzdem schwitze ich Rotz und Wasser.

12. Tag, km 880

Gestern abend, wohl schon im Halbschlaf, habe ich mir beim Einsteigen ordentlich das Zelt geschrottet. Der Reißverschluss ist ausgerissen, und - ratsch - ein beachtlicher Riss im Zelt, ca. 15 cm lang. Weil die Nacht jedoch regenfrei zu bleiben gedachte, verschob ich die Reparatur auf heute. Glücklicherweise fand ich die Reißverschlusslokomotive wieder, im mittelhohen Gras kein einfaches Unterfangen. Als ich die Suche schon aufgeben wollte – ich hatte systematisch die Wiese durchkämmt – fand ich sie bei den Packtaschen. Immerhin kann ich so den Reißverschluss reaktivieren, den Riss repariere ich erstmal provisorisch mit Duck Tape („Panzerklebeband").

Abends ereilt mich dann noch eine Panne ähnlicher Qualität: Mein rechter Radlschuh löst sich auf. Die Sohle hat sich von der Ferse fast bis zum Fußballen abgelöst, und dann bleibt bei diesen Schuhen nicht mehr allzu viel übrig. Abends am Campingplatz klebe ich als erste Amtshandlung die Schuhsohle mit Seam Grip wieder an ihren angestammten Platz und fixiere das ganze mit einem Spannriemen. Seam Grip ist echt ein Teufelszeug... nicht nur dass draufsteht, es sei „erbgutverändernd", nein es kommt sogar noch besser: In rühre Seam Grip und Seam Exel, einen Beschleuniger, in einem leeren Plastikschälchen zusammen, wo ehedem „Madelaines longues" ihr Dasein fristeten. In erstaunlicher Geschwindigkeit löst dieses Gemisch das Schälchen komplett auf! Etwas verdutzt beschließe ich daraufhin, mit einer leeren Thunfischdose weiterzumachen.

Doch nicht nur reparaturtechnisch, sondern auch sportlich wird dieser Tag eine echte Herausforderung. Wegen des Superwetters und um die stinkenden Hauptverkehrstäler zu meiden beschließe ich, meinen ersten berüchtigten Tour-de-France-Pass in Angriff zu nehmen. Von Albertville sind es ungefähr 1800 Höhenmeter hinauf zum zweitausend Meter hohen Col de la Madelaine.

Praktisch ohne flachere Passagen geht es himmelwärts, und einige sehr steile Rampen machen dem Radler zusätzlich das Leben schwer.

Das Hinaufquälen auf einen solchen Pass wird trotz der enormen Dauer nicht langweilig, da es genug zu sehen gibt: Das Panorama ändert sich mit jeder Kurve, und da der Col de la Madelaine ein beliebter Tour-de-France-Pass ist, gibt es auf der Straße sogar was zu lesen.

Mit sehr dauerhafter Farbe haben sich treue Radsportfans vor allem in den Kurven zu schaffen gemacht. Auf dem Asphalt steht massenweise „Jan“, „Ulle gib Gas“, „---T---“, „Bjarne“ und „Riis“ (wobei der Mittelstreifen gerne als i verwendet wird) und dergleichen mehr. Die Häufigkeit der Namen spiegelt deren Beliebtheit wieder. Es gibt viel „Zabel“ zu lesen, und inzwischen natürlich auch „Pantani“ und unzählige weitere Namen, deren Aufzählung nicht nur dieses Buch, sondern auch die Nerven des geneigten Lesers sprengen dürfte.

Jedenfalls kommt man dann irgendwann fast in Trance oben an, stellt sein Fahrrad an das Schild mit der Passhöhe und zelebriert ein Foto. Natürlich ist man mit solch umfangreichem Gepäck ein ziemlicher Exot, wird schon während der Fahrt von Autofahrern angefeuert (Intensität nimmt mit der Nähe zur Passhöhe stetig zu), und auf dem Pass meinte schließlich ein Franzose zu mir: „Vous avez manqué le Tour de France“ – „Sie haben die Tour verpasst“. Merci bien, Monsieur!

Danach entlädt sich dann die beim Hinaufstrampeln gesammelte Vorfreude in einem Sturzflug zu Tal, berauschend, saukalt und viel zu kurz.

Bei den Passfahrten mache ich es jetzt immer so, dass ich ungefähr alle 200 Höhenmeter kurze Pausen einlege, um zu verschnaufen und zu trinken. Bei jeder zweiten Pause esse ich eine Kleinigkeit: Eine Banane, Weintrauben, Schokolade, Kekse... Ich esse soviel wie bei diesen sportlichen Anstrengungen überhaupt möglich ist, um meinem Motto treu zu bleiben: Ich will mich nie total verausgaben, nie meine Kohlenhydratspeicher vollständig entleeren, denn ich habe noch einen weiten Weg vor mir.

Auf die großen Pässe wie heute schleppe ich sogar ein Pain und Käse, was ich dann ungefähr eine Stunde vor Erreichen der Passhöhe im Rahmen einer längeren Pause verzehre.

Trotz allem bin ich danach immer so ausgelaugt, dass mir abends schnell kalt wird und mein Körper sich einfach weigert, einzuheizen. Spätestens mit dem warmen Essen im Bauch stellt sich dann aber doch wieder eine akzeptable Körpertemperatur ein.

13. Tag, km 926

Heute früh ist es wieder sakrisch kalt. Ich schreibe das jeden Tag dazu, weil es mich jeden Tag wieder ein bisschen überrascht und weil es wirklich sehr unangenehm ist. Alles friert, bevor es von der Sonne erreicht wird. Ich höre den neu erstandenen Wecker klingeln, bringe ihn gewaltsam zum Schweigen und schlafe noch eine halbe Stunde weiter, weil mir so vor der Kälte graut.

Doch trotzdem ist mir auch heute wieder der Aufbruch gelungen. Noch ein paar Höhenmeter ging es bergab, bis ich mich im Tal des Arc wiederfinde. Hier ist es sehr ungemütlich, wieder so ein Hauptverkehrstal: Autobahn, Nationalstraße, Eisenbahnlinie und Arc füllen den Talgrund vollständig aus, und wo dieser sich mal verbreitert, hat man eine Autobahnraststätte, -Mautstelle oder eine Fabrik hingeklotzt. Es stinkt nach Benzin und Verkehr, und ich will nichts wie raus hier.

Einige Kilometer Arc-aufwärts komme ich nach St.-Jean-de-Maurienne. Daran ist bemerkenswert, dass es hier einen „Géant“ gibt, einen fabrikhallengroßen Supermarkt ungeheurer Ausmaße, und dass dies der erste ist, der mir untergekommen ist. Erst jetzt, da ich einen halben Kilometer von den Weintrauben zur Tomatendose latschen darf, fühle ich mich so richtig in Frankreich!

Heute steht mir mit „nur“ tausend Höhenmetern eine eher erholsame Alpenetappe bevor. Es geht in Richtung Galibier, und da muss man zunächst mal den Col du Télégraphe (1566 m) überwinden. Die gestrigen Höhenmeter stecken mir noch in den Knochen, doch mir fällt auf, wie erstaunlich schnell sich meine Beine regenerieren – und dass ich noch keinen einzigen Muskelkrampf hatte.

Auch heute läuft es ganz gut. Ich schraube mich hoch aus dem Tal des Arc, Lärm und Gestank unter mir lassend. Der permanente Kontrast zwischen ruhigen, malerischen Bergpässen und stinkenden Tälern prägt den ersten Teil meiner Fahrradtour entscheidend.

Es ist heiß und die Sonne verbrennt mir die Nase. Auf dem Trikot und dem „Auf-nach-Bayern"-Cap bilden sich dicke Salzränder. Dies veranlasst mich dazu, in eine Trinkflasche Kochsalz zu geben. Schmeckt besch...eiden, aber was ich rausschwitze muss ja irgendwie auch wieder rein!

Zu den Rennradlern habe ich heute ein etwas merkwürdiges Verhältnis. Normalerweise grüßen sie freundlich, wenn sie mich überholen, erkundigen sich nach dem Gewicht meines Gepäcks, und erstarren nach meiner Antwort in Ehrfurcht. Doch heute an ihrem „heiligen Berg" ist das ein bisschen anders. Vielleicht befürchten sie, dass ich den höchsten Pass der Tour de France entweihen könnte, wenn ich ihn mit über 25 Kilogramm Gepäck bezwinge. Vielleicht liegt es aber auch einfach nur daran, dass sie den Pass als Trainingsgelegenheit auffassen: Hochberserkern, oben Plastiktüte überstreifen und dann auf der selben Seite ins Tal rauschen zu Hotel, Frau und Kindern. Ich dagegen sehe den Pass vor allem als Möglichkeit, über einen Berg zu gelangen und vom Fleck zu kommen. Natürlich neben der Tatsache, dass es ein tolles Naturerlebnis ist.

Zur Zeit ist kein Tag ohne Panne. Am Abend bemerke ich, dass in meinen Packsack zwei Löcher geschmort sind, ungefähr drei Zentimeter lang. Ich kann mir das nur so erklären, dass die Böden der eineinhalb-Liter-Plastikflaschen, die ich als Trinkwasservorrat immer hinten auf den Packsack schnalle, das Sonnenlicht wie ein Brennglas gebündelt haben. Sie verbrutzelten den Packsack, genau so wie man das als Kind im Sandkasten mit Lupe und Ameisen betrieben hat. Zum Glück habe ich Flicken und Klebstoff dabei und das Problem ist schnell gelöst. Nur ärgert es mich langsam, dass ich abends nur noch damit beschäftigt bin, meine Ausrüstung zu reparieren. Das geht hoffentlich nicht ewig so weiter!

14. Tag, km 1002

Gestern bei der Fahrt auf den Col du Télégraphe habe ich es irgendwie geschafft, mein bis dato treues Reisehandtuch, ganze hundert Gramm schwer, zu verlieren, so dass gestern abend mein zweites T-Shirt dafür herhalten musste. Zum Trocknen breitete ich es auf dem Zelt aus, und heute früh war es – nein, nicht trocken, es war steifgefroren! Diese Nacht war die bisher kälteste, im Schlafsack hatte ich praktisch alle mitgeführten Kleidungsstücke an.

Heute sind zwar bis zum Col du Galibier, dem traditionell höchsten Pass der Tour de France, „nur“ noch 1400 Höhenmeter zu absolvieren, aber es ist etwas gänzlich anderes, ob man auf 300 oder 1200 Meter Höhe beginnt. Ab ca. 2000 Meter merkt man, wie die Luft langsam dünner und das Atmen uneffektiver wird; man ist schneller erschöpft und weniger leistungsfähig.

Trotzdem ist die Fahrt auf den Galibier deutlich angenehmer als beispielsweise auf den Col de la Madelaine, da hier auch viele flachere Passagen dabei sind, auf denen man sich ein wenig erholen kann.

Der Galibier ist nicht nur mit seinen 2646 Metern traditionell das „Dach der Tour de France“, sondern vor allem ein wunderschöner Pass: Kühn, grandios und erhaben erschließt er hochalpine Regionen. Nach unzähligen Serpentinen, Steigungen bis zu vierzehn Prozent und sehr vielen Ess- und Verschnaufpausen erreiche ich die Passhöhe mit letzter Kraft.

Ein mich überholender Rennradler, nur mit einer Trinkflasche bewaffnet, meint keuchend zu mir: „C'est dure à monter içi pour moi aussi, et je n'ai pas de sacs..." („Obwohl ich keine Packtaschen habe tu' ich mir auch schwer!"). Oben erwartet mich bei idealem Wetter ein grandioser Rundblick auf nahe Gletscher und ferne Eisriesen („Ce n'est pas le Mont Blanc, il n'est pas tout blanc!"), auf endlose Geröllhalden, steile karge Bergwiesen und unzählige Bäche. Und, das fällt mir erst nach ge-

raumer Zeit auf: So weit das Auge reicht ist hier kein einziger Baum oder Strauch zu sehen!

Wie nicht anders zu erwarten werde ich hier oben mit meinem Monster-Gepäck staunend bis ungläubig beäugt. Für den, der hier motorisiert heraufkam, ist es kaum vorstellbar, dass man das auch mit eigener Muskelkraft schaffen kann.

So hart und brutal die Auffahrt war, so grandios ist die wohlverdiente Abfahrt. Wie im Traum lasse ich es laufen, zunächst steil in Serpentinen abfallend zum Col du Lautaret (2058 m) und schließlich 30 Kilometer geradeaus talauswärts bis nach Briançon. Einfach nicht treten, ein bisschen lenken, in den Kurven ein bisschen bremsen... Die Welt fliegt an mir vorbei. Oder fliege ich über die Welt? Egal. Bergketten und Gletscher ziehen vorbei, kleine Ortschaften, knorrige Bäumchen, schließlich kommt der Wald zurück und mit ihm größere Skiorte. Ich lasse es laufen und laufen, fahrradfahren kann so einfach sein!

Irgendwann ziehe ich meine Fleece- und Regenjacke aus und bemerke, dass es inzwischen 1500 Höhenmeter tiefer fast dreißig Grad hat. Wieder einmal bin ich in eine andere Welt gefahren. Hier unten erscheint mir der Galibier wie ein Spuk – und die Abfahrt wie ein Traum.

In Briançon ist dieser leider ausgeträumt. Es geht zwar „nur noch Durance-abwärts“, aber das heißt nicht viel bei einem so unzähmbaren Gebirgsfluss. Zum Campingplatz in l'Argentière muss ich mich nochmals 200 Höhenmeter hinaufquälen, was mir die allerletzten Kraftreserven abverlangt... Total K.O. will ich nur noch duschen, essen und schlafen. Zum Weiterträumen.

15. Tag, km 1069

Nach den täglichen Passfahrten der letzten Woche und insbesondere dem Galibier gestern erleide ich heute den totalen Einbruch... doch alles der Reihe nach.

Zunächst geht es auf einer kleinen Nebenstraße weiter Durance-abwärts, allem Anschein nach ein idealer Kanu- und Kajak-Fluss, nach Guillestre. Hier beginnt der Col de Vars, mit 2109 Meter Höhe angesichts meines bisherigen Programms eigentlich eine eher kleine Nummer. Eigentlich! Doch meine Beine sind müde, das Fahren ist heute knochenharte Arbeit und absolut kein Vergnügen mehr. Ich quäle, nein, kämpfe mich Höhenmeter um Höhenmeter, Serpentine um Serpentine hinauf. Zu allem Überfluss ist es auch noch sehr heiß, so dass ich die schöne Aussicht auf das Durance-Tal, die ich mir so hart erarbeite, nicht so recht genießen kann. Die Oberschenkel brennen bei jeder Kurbelumdrehung. Heute ist der Wille eindeutig stärker als das Fleisch!

Auf halber Höhe kommt man durch Vars, und am liebsten hätte ich hier für heute Schluss gemacht und mein Zelt aufgeschlagen. Doch Vars ist ein brutal betonierter Skiort, ohne Campingplatz, und an wild zelten ist hier beim besten Willen nicht zu denken. Meine oberste Devise: „Kein Meter zurück!“ gilt natürlich auch hier, und so muss ich den Pass zu Ende fahren. Vars jedenfalls begleitet mich über einige hundert Höhenmeter, Betonburg an Betonburg, hingeklotzt im tristen 70er Jahre Stil. Ein trauriger und beschämender Anblick, und es wird fleißig weitergebaut.

Unübersehbar angebrachten Tafeln entnehme ich, dass hier mit genau 243,109 Stundenkilometern der Geschwindigkeitsweltrekord im Abfahrtsskilauf aufgestellt wurde. Ziemlich verrückt, und außerdem wenig motivierend, da ich diesen Berg ja hochfahren muss...

Total erschöpft komme ich schließlich oben an. Mich umgibt eine fremdartige Mondlandschaft, doch bin ich hier nicht alleine: Die wenigen Sommergäste von Vars, allesamt rüstige RenterInnen, sind zum Pass hinauf gewandert und belagern den Postkarten- und Souvenirshop und ein kleines Café.

Ich enteile diesem Rentner-Rummelplatz im Sturzflug zu Tale und lasse es ordentlich krachen bis nach Jausiers, das noch 1200 Meter hoch gelegen ist. Meine Beine schreien nach einem Ruhetag, und der örtliche Campingplatz (geführt von einer alten buckligen Frau mit Hund und Katze) gefällt mir gut. Hier kann man es aushalten.

Was mir jedoch langsam auf die Nerven geht, ist die Jeton-Unart auf jedem zweiten französischen Campingplatz. Entweder die Campingplatzbesitzer haben wenig Vertrauen in die Wassersparqualitäten ihrer Landsleute, oder die Franzosen haben eine sehr stark ausgeprägte Spielermentalität.

16. Tag, km 1088

Irgendwann wache ich auf, verlasse das Zelt und stehe in einem wunderschönen, breiten Hochtal, dem Tal der Ubaye. Gestern war ich viel zu kaputt um zu bemerken, an welch landschaftliches Kleinod ich hier geraten bin! Die Seealpen unterscheiden sich deutlich vom Rest der Alpen. Umgeben von sanften Dreitausendern liegt der Campingplatz von Jausiers. In ganz Frankreich ist Nachsaison, und so ist auch dieser Platz höchstens zu einem Fünftel belegt. Ungefähr zehn Camper teilen sich eine Apfelbaumwiese. Endlich mal wieder vernünftig ausschlafen, die Salzkrusten vom Trikot waschen und das vélo notdürftig reinigen.

Heute ist es wieder nur leicht bewölkt und drückend heiß, bis nachmittags ein frischer Wind talaufwärts bläst. Ich fahre – ohne Gepäck, welch Befreiung! – in den nächstgrößeren Ort. In Barcelonette besuche ich einen Supermarkt: Großeinkauf für den nächsten Pass, und heute abend gibt es Tortellini mit Schinken. Und mousse au chocolat. Ruhetage dienen schließlich nicht nur dem Beine hochlegen, sondern auch der Völlerei.

17. Tag, km 1153

Nach dem Ruhetag gestern gehe ich heute hochmotiviert und einigermaßen regeneriert den letzten und höchsten Pass meiner Alpenüberquerung an: Angeblich ist der Col de la Bonette mit seinen 2807 Metern Höhe der höchste Pass Europas!

Zunächst darf ich mir aber noch in der örtlichen Boulangerie den heimischen Dialekt anhören: Man sagt hier „peng“ statt „pain“, „bieng“ statt „bien“... sehr witzig anzuhören.

Jausiers liegt auf 1200 Metern, und so bleiben mir 1600 hochzukurbeln. Es läuft sehr gut heute, die ersten tausend Höhenmeter sind bald geschafft. Entlang eines munteren Baches geht es mal in steilen Serpentinen und mal einfach so den Hang hoch, je nach dem ob der Bach sich gerade als Wasserfall in eine Schlucht stürzt oder über karge Bergwiesen dahingurgelt.

Ich werfe wunderschöne Blicke zurück auf die umliegenden Bergriesen, allesamt karge, schroffe, abweisende „Geröllhaufen“, die sich interessant von allem Zentralalpinen abheben. Ab 1800 Metern Höhe ziehen sich die wenigen Bäume ganz zurück, und der Karst gewinnt die Oberhand, bis man ganz oben schließlich glaubt, in einen überdimensionalen Steinbruch geraten zu sein.

Es ist leicht bewölkt, gut warm und für die Mittagspause finde ich ein Traumplätzchen. Neben mir der murmelnde Bach, eine Steinplatte in idealer Neigung als Lehne für meinen Rücken, Traumaussicht – was will man mehr.

Hier am Col de la Bonette ist automäßig sehr wenig los. Dafür ist die sehr schmale Passstraße unter Radfahrern längst kein Geheimtipp mehr. Ich bin mal wieder der einzige, der so viel Gepäck mitschleift und dann tatsächlich auf der anderen Seite herunterfährt.

Auf ungefähr 2500 Metern fahre ich an merkwürdigen „fortifications" vorbei, an denen kräftig gebaut wird. Viel olivgrünes Volk ist hier unterwegs, und wie es scheint ist der halbe Berg ausgehöhlt und zum Atombunker ausgebaut.

Ab dieser Höhe wird auch wieder einmal die Luft dünner, die Atemarbeit nimmt zu und die Leistungsfähigkeit ab. Erst dadurch wird mir die schwindelnde Höhe von 2808 Metern, in die mich diese Passstraße bringt, so richtig bewusst. Die Zugspitze beispielsweise ist nur 150 Meter höher.

Gegen Ende wird das ganze dann wirklich hochalpin, nur noch Schotter so weit das Auge reicht. Der „Cime de la Bonette“, den die Straße fast bis zu seinem Gipfel erschließt, ist dann auch nichts weiter als der höchste Schuttkegel in dieser Gegend! Ganz hinauf auf den Gipfel führt ein ausgelatschter Wanderweg. Während ich hier ziemlich erschöpft Kalorien tanke (eine Packung Madelaines, 200 Gramm Schokolade, Weintrauben, eine Banane) ziehen beängstigende Wolken auf. Es wird schnell kühler und ich verwerfe meinen Plan, hier oben irgendwo zu zelten. Bei Regen ist das wirklich kein Spaß und kann in dieser Höhe sogar gefährlich werden. Ich packe mich ein und beginne die längste Abfahrt der Alpen: Von 2800 auf 0 Meter!!!

Die Straße, die nach Südosten hinabführt, ist noch schmaler und in einem desolaten Zustand. Ich kurve um die größten Schlaglöcher herum und bremse fleißig, auf dass die Felgen glühen.

Hier oben, ich befinde mich übrigens in einem der seltenen französischen Nationalparks, gibt es viele Murmeltiere. Wächter warten am Straßenrand und ergreifen hektisch pfeifend die Flucht vor mir, ich zähle mit und sehe sieben mal einen buschigen Schwanz davonhuschen.

Meine Fahrt geht vorbei an verlassenen und verfallenen Geisterdörfern und einem Denkmal für einen General, der hier vom Blitz erschlagen wurde (was meine Entscheidung, hier nicht zu zelten verfestigt), durch

Urlandschaften und weite Täler. Mehrmals halte ich an und lasse die Felgen so weit abkühlen, bis man sich nicht mehr die Finger daran verbrennt. Einmal hält bei dieser Gelegenheit ein ehedem weißer Renault, und ein knorriger Einheimischer bietet mir an mich mitzunehmen. Ich bedanke mich artig und erkläre ihm, dass ich eigentlich gar keine Panne habe...

Nach 25 Kilometern wird die Abfahrt zusehends flacher, und ich muss doch noch mit den Pedalen nachhelfen, um zum Campingplatz nach Isola zu gelangen. Auch das Tal des Tinée wird bald zu einem großen Hauptverkehrstal mit allen bekannten Unannehmlichkeiten. Morgen will ich es so schnell wie möglich verlassen.

18. Tag, km 1264

Heute ist es mir gelungen, ans heiß ersehnte Mittelmeer vorzustoßen. Nach 1250 Kilometern und 16.000 Höhenmetern, gesammelt auf elf Pässen, kann das Alpen-Höhentrainingslager als erfolgreich abgeschlossen gelten.

Doch zunächst setze ich die gestern unterbrochene längste Abfahrt der Alpen fort und rolle das Tinée-Tal mit nur wenig Trethilfe hinab. Die Straße führt durch wildromantische Schluchten mit dunkelroten Felswänden. Kurz nach der Mündung ins Var-Tal wird es verkehrstechnisch unerfreulich, und so komme ich auch heute noch zu ein paar Höhenmetern: Ich fahre die Gorges de la Vésubie hinauf und verlasse sie schließlich hinauf nach Levens. Plötzlich bin ich wieder alleine, und so kurble ich mich atemberaubend hoch über der Vésubie hinauf, die sich eine imposante, enge Schlucht gegraben hat. Über weite Strecken ist die Straße in die senkrechten Felswände gemeißelt.

Hier begrüßt mich die Provence dann auch schon mit ihrer ganzen Tier- und Pflanzenpracht: Mitten auf der Straße lässt sich eine Schlange mir unbekannter Art seelenruhig die Sonne auf den „Pelz" scheinen, was mir beim Vorbeifahren eine Gänsehaut beschert. Oft verlangsame ich die Fahrt, um riesengroße Schmetterlinge zu bestaunen. Pinienzapfen säumen die Straße, und die ersten Zypressen tauchen auf.

Kurz vor Nizza, bevor es hinabgeht in den wabernden Hexenkessel der Côte d'Azur, mache ich Mittagspause in St. Claire an einem der hier häufigen Brunnen und genieße die „Ruhe vor dem Sturm". Einige Einheimische kommen und füllen sich ihr Fläschchen an dem Brunnen ab, und so traue auch ich diesem Wasser.

In Nizza erschlägt mich dann fast der totale Gegensatz zu dieser friedlichen Dorfidylle: Der mir inzwischen ungewohnte Großstadtverkehr, Hektik, stehende Hitze in den Straßen, Menschenmassen... Auf der Su-

che nach dem Meer, das ich auf der Abfahrt wegen des Dunstes noch nicht sehen konnte, schiebe ich mein voll bepacktes Fahrrad durch die engen Gassen der Altstadt. Teilweise sind sie so eng, dass mir kein zweiter Radreisender meines Kalibers entgegenkommen dürfte!

Nizza hat viel italienisches Flair, die Altstadt ist erfüllt von Marktstimmung und den entsprechenden Düften. Hier ist ein anderer Menschenschlag zu Hause, man gibt sich chic und modern.

Plötzlich finde ich aus den verwinkelten Gassen das Schlupfloch zum Meer, stehe auf der „Promenade des Anglais" unter Palmen und bestaune das grenzenlose Blau, das in den dunstigen Himmel übergeht. Mir wird bewusst, dass der erste Teil meiner Reise hier zu Ende ist. Lange blicke ich zum azurblauen Horizont. Das muntere Strandtreiben, das sich hinter mir abspielt, nehme ich gar nicht wahr.

Dann schluckt mich wieder der Strudel der Großstadt, ich erklimme das „Château", um einen Blick über die Dächer von Nizza zu erhaschen. Am alten Hafenbecken wird Nizza seinem Ruf dann endlich gerecht: Eine Yacht fetter als die andere, goldbeschlagen, und darauf fläzt und langweilt sich der Jet-set.

Schließlich mache ich mich wieder auf in den Kampf mit dem Großstadt-Verkehrschaos. Mühsam ist der Weg gen Westen, doch unterwegs gelingt es mir sogar, noch einen Liter Benzin für meinen Kocher zu erbeuten. Über die einzige für Radfahrer nicht gesperrte Brücke gelange ich über den Var nach Cagnes, wobei die Nationalstraße wie die gesamte Küste von Betonklotzhotels gesäumt wird. So bin ich froh, einen Campingplatz hoch über der Küste zu erwischen. Hier treffe ich wieder einmal interessante Leute, z. B. den Briten Gilbert, der schon etwas angegraut alleine die Côte d'Azur erkundet, und zwei junge Australierinnen auf Europatour. Das lässt mich den Preisschock hier einigermaßen verkraften: Eine einzige Nacht kostet dreiste 71 Francs, das ist mehr als das doppelte des Normalpreises! Dafür steht mein Zelt direkt neben einem Feigenbaum, und in der Nacht beobachte ich die Lichter des rumorenden Uferstreifens.

1.3 Südfrankreich

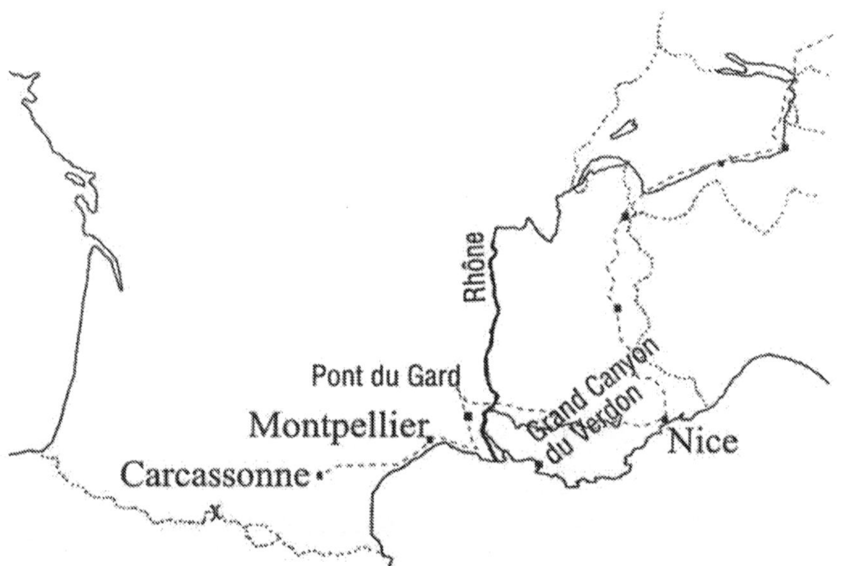

19. Tag, km 1292

Die ungeheure Rastlosigkeit der letzten Wochen, die mich über die Alpenpässe trieb, ist nun einer ebenso ungeheuren Trägheit gewichen. Bevor ich mich neu motivieren kann, brauche ich eine Atempause. Der erste große Abschnitt der Reise ist vorbei: Von München über die Alpen bis ans Mittelmeer. Eigentlich wäre das eine runde Sache, doch jetzt beginnt eine neue Reise weiter in den Süden. Während für die bisherige Fahrt das nächste Fernziel immer „das Meer“ war, muss ich mir nun einen neuen Fixpunkt suchen, dem ich tagtäglich ein Stück näher kommen will.

Mit derlei Gedanken beschäftigt, schaffe ich es heute nur ein paar Kilometer weiter, aber zumindest aus dem unangenehmen Küsten-Konglomerat heraus. Unterwegs umrunde ich noch den hübschen, aber von Touris leider völlig überlaufenen Ort St.-Paul auf der vollständig erhaltenen Stadtmauer. Bei schwülen siebenundzwanzig Grad (wie im Gewächshaus!) schwitze ich mir die Seele aus dem Leib, bis ich schließlich meinem ersten Care-Paket aus der Heimat sehr nahe bin. Lange fieberte ich diesem Ereignis entgegen: Ich parke mein Fahrrad vor dem Postamt in Vence, gehe hinein, ziehe eine Nummer... als ich endlich an der Reihe bin, geht der Rest ziemlich schnell: Aus irgendeinem Winkel der kleinen Amtsstube kramt die nette Dame mein „poste restante“ – Paket hervor,

und ich berappe drei Francs Gebühr. Wow, es hat funktioniert! Auf der Parkbank vor der Post feiere ich Bescherung, es ist schöner als Weihnachten. Ich bewundere das Teflonpfännchen, das der frisch aus Schweden zurückgekehrte Clemens beigesteuert hat. Auf unserer letzten Radltour durch Korsika gönnten wir uns dieses Luxusgut, und ich freue mich auf die nun mögliche Erweiterung meines Speiseplanes. Ich briefwähle für die Bundestagswahl, lese gesammelte erste Seiten der Süddeutschen Zeitung und verstaue zehn frische Diafilme in den Untiefen meiner Packtaschen. Schließlich schicke ich noch einen großen Haufen durchfahrener Landkarten nach Hause und zehn Diafilme, voller Berge...

Abends gibt es dann erstmal ein Sixpack Spiegeleier, und morgen werde ich wieder ernsthaft damit beginnen, mich fortzubewegen.

20. Tag, km 1369

Mitten in der Nacht erschreckt mich ein kräftiges Gewitter, es regnet ergiebig und in dieser Weltuntergangsstimmung rechne ich schon mit einem tristen Ruhetag in Vence. Doch in der Früh reißt es auf, einem munteren Wolkentreiben, wie ich es besonders gerne sehe, folgt dann strahlend blauer Himmel. Dass er so unglaublich tiefblau ist muss wohl an der Provence liegen!

Zunächst führt mich mein Weg durch Tourette-sûr-Loup, ein kleines Städtchen, das sich malerisch auf einen Felsen kauert. Unmittelbar am Abgrund sind die für die Provence so typischen Natursteinwände hochgezogen. Hier wirkt das jedoch nicht abweisend wie eine Trutzburg, sondern im Gegenteil sehr einladend.

Für mich ist die Provence jedoch eindeutig das Land der Schluchten. Jeden Tag gibt es eine neue zu bestaunen, heute fahre ich die „Gorges du Loup" hinauf. Ein kleines Strässchen windet sich über dem Loup empor, durch Naturtunnels und vorbei an einem riesigen Wasserfall. Das einzige störende Element in dieser vollkommenen Wildromantik sind die zahlreichen blauen Schilder, die davor warnen, Wertgegenstände im Auto zurückzulassen.

Es geht höher und höher, schier ohne Ende, bis auf satte 1180 Meter. Sauber! Doch damit nicht genug, die Strecke wird zwar endlich flacher, aber dafür bläst mir ein unverschämt starker Gegenwind ins Gesicht. Wenn man sogar bei den Abfahrten noch in die Pedale treten muss, macht das Radeln keinen Spaß mehr. Nachdem ich mich auf den Col du Clavel geplagt habe, gönne ich mir eine ausgiebige Mittagspause unter einem ausladenden Kastanienbaum.

Abends auf dem Campingplatz in Comps treffe ich einen alten Holländer, faltig und grauhaarig, der ebenfalls alleine mit dem Fahrrad unterwegs ist. Er ist zu Hause an der Nordsee losgefahren und will noch bis Florenz kommen. Er erzählt mir davon, wie er vor einigen Jahren alleine den Jakobsweg von seiner Heimat bis nach Santiago gewandert ist. Seine Bekanntschaft hat mich sehr beeindruckt, hoffentlich bin ich in seinem Alter auch noch so fit und unternehmungslustig wie er.

Wir unterhalten uns über das alleine unterwegs sein, wovon er restlos überzeugt ist, und was ihn sehr glücklich macht: Auf Anhieb fällt ihm kein einziger Nachteil dieser Reiseform ein. Er strahlt eine unheimliche innere Ruhe und Gelassenheit aus... vielleicht komme ich auch so nach Hause.

21. Tag, km 1478

Heute nacht wurde ich von einem Hund belagert. Offensichtlich hat er das Papier gewittert, in das der Schinken eingewickelt war. Als ich um drei Uhr aufwache, um eine Notdurft zu verrichten, höre ich wie dieses Vieh die Abfalltüte auseinandernimmt. Streunende Hunde sind so ziemlich das einzige, wovor ich auf dieser Radltour Angst habe, und so vertage ich mein Vorhaben. Eine Stunde später ist der Hund zwar weg, als ich jedoch einige Schritte vom Zelt entfernt bin, spurtet er aus der Dunkelheit auf mich zu... Rückzug, weitere Vertagung, da ziehe ich lieber freiwillig den kürzeren.

Am Morgen ist alles klamm, und um acht Uhr bin ich schon beim „boulanger“. Bäcker ist der undankbarste Job Frankreichs, denn sogar Sonntags gibt es überall schon um acht Uhr frisches Baguette. Und weil es nur frisch schmeckt, hat jedes noch so kleine Dorf zumindest eine Boulangerie.

Radlmäßig geht es heute durch zwei begeisternde Landschaften: Durch den „Grand Canyon du Verdon“, Europas tiefste Schlucht, und durch die Lavendelfelder um Valensole.

Es gibt zwei Straßen, die die Verdon-Schlucht erschließen. Ich wähle die südliche, kleinere Straße und finde mich bald atemberaubend hoch über dem ungezähmten türkisfarbenen Band wieder. Mal mehr und mal weniger nah am Rand der Schlucht geht es Verdon-abwärts, und das ewige Auf und Ab ist so schweißtreibend wie ein Alpenpass. Doch wird man für die Anstrengungen reichlich entlohnt: Vor jeder Kurve die prickelnde Spannung, was es wohl diesmal zu sehen gibt, und in der Kurve dann zumeist überwältigende Blicke in die bis zu 700 Meter tiefe Schlucht. Seit Jahrmillionen gräbt sich der Verdon in die Tiefe, und wie es scheint macht er damit munter weiter.

An der Pont de l'Artuby beobachte ich kommerzielle Bungee-Jumper, die in die hundert Meter tiefe Schlucht der Artuby hinab springen. Die Gorges sind ein Tummelplatz für Trend- und Extremsportler jeglicher Art: Ich sehe Kletterer und Paraglider, und gegen Ende der Schlucht, wo sich der Verdon durch ein Nadelöhr in den Lac de St. Croix ergießt und sich die Landschaft plötzlich weitet, gibt es zahllose Kanu- und Tretbootfahrer.

Nach wenigen Kilometern erreiche ich die Lavendelfelder um Valensole. Auch in abgeerntetem Zustand sind sie eine graphische Sensation, ich kann mich kaum daran satt sehen. Wie grandios muss diese Landschaft erst zur Lavendelblüte im Frühsommer wirken...

Als ich nach der letzten Kurve vor Valensole stehenbleibe, um die Aussicht auf das eng an den steilen Hang gedrängte Dorf in der warmen Abendsonne zu genießen, verstummt das Rauschen des Fahrtwindes in meinen Ohren. Diesmal ist es jedoch nicht ruhig – fröhliche Töne klingen zu mir herüber! Eine kleine Band, angeführt von einer frechen Trompete, spielt deutlich verjazzte französische Tänze. Wunderschön

entspannend... Dazu dringt fröhliches Gelächter zu mir hinüber und das satte Klacken der Boule-Kugeln. Eine unerwartete perfekte Idylle. Ich lege eine Pause ein und lausche bestimmt eine halbe Stunde diesem sympathischen Hörspiel.

Als ich dann schließlich ins Dorf fahre, finde ich zwar nicht den Ursprung der inzwischen verstummten Musik, dafür hat sich jedoch auf einem speziellen Platz das halbe Dorf versammelt und spielt Boule. Jung und Alt, alle machen begeistert mit und erfüllen den riesigen von hohen Bäumen beschatteten Sandplatz mit Leben. Im engen Dorf wirkt er wie ein Luxus-Wohnzimmer. Perfekte Sonntag-Abend-Stimmung in einem malerischen Dorf. Wäre es möglich gewesen, ich hätte mich sofort einbürgern lassen.

22. Tag, km 1560

Während es in der Früh noch größtenteils wolkenlos war, bedeckt beim Verlassen des Campingplatzes bereits eine unangenehm tief liegende Wolkenschicht den Himmel. Die Etappe führt mich heute zunächst durch den Lubéron, eine hügelige, waldreiche und sehr beschauliche Landschaft, die bei entsprechendem Wetter berauschend schön sein muss. Ich bin heilfroh, dass ich einen „Hyper-U“, einen Hyper-Supermarkt, erreicht habe, als die ersten Tropfen fallen. Denn es beginnt ordentlich zu schütten, dazu schickt Zeus Blitz und Donner vom Himmel – stundenlang halte ich mich in dem „gemütlichen" Supermarktvorraum auf und warte auf ein Nachlassen der Regenflut. Heute hat der Himmel kein Erbarmen, über drei Stunden lang führe ich meine meteorologischen Beobachtungen durch. Ich kaufe viel Futter ein, erstehe in einem berechtigten Panikkauf ein neues Handtuch, esse viel, verschlinge mehrere Zeitungen und studiere Landkarten. Das ganze hat in der Ecke des Supermarkt-Vorraumes offenbar so erbärmlich ausgesehen, dass mir eine Frau die zehn Francs aus ihrem Einkaufswagen vermachen wollte. Nur mit viel Mühe gelang es mir, sie davon zu überzeugen, dass mir zum Glücklichsein nur die Sonne fehlt.

Nachdem sich bis zum Nachmittag kein Hoffnungsschimmer auf Wetterbesserung ergab – weiterhin gewittert und gießt es ohne Unterlass – packe ich mich wasserdicht ein (ja, auch wieder Plastiktüten über die Socken) und reaktiviere bei den dann folgenden 45 Kilometern Gewaltfahrt nach Cavaillon alte Norwegen-Tugenden. Wie ein Eilzug pflüge ich durch den Regen, unterstützt von leichtem Rückenwind. Meine Beine funktionierten wie ein Schweizer Uhrwerk und ich erreiche die erstaunlich hohe Durchschnittsgeschwindigkeit von 27 Stundenkilometern. Verbissen kämpfe ich mich mit inzwischen verschrumpelten Fingern bis nach Cavaillon, wo ich mein Lager samt Regendach aufschlage und mich im Sanitärgebäude häuslich einrichte. Als ich nach einer wiederbelebenden heißen Dusche damit beginne, da drin auch noch zu kochen, hört der Regen auf – Unverschämtheit! Das hätte er ja wohl auch schon ein paar Stunden früher machen können.

Jedenfalls treffe ich in diesem Sanitärhäuschen ein altes und ein junges Radlerpaar. Die „Alten" sind sehr gesprächig und erzählen mir Horrorgeschichten vom Pont du Gard. Als sie den dortigen Campingplatz für eine Stunde verließen, um die Aquäduktbrücke zu besichtigen, wurde ihr Zelt großflächig aufgeschlitzt. Zu mehr hat offenbar die Zeit nicht mehr gereicht, es wurde nichts gestohlen. Das junge Paar gibt dann ebenfalls Schauergeschichten zum besten, die diesmal aber von den Wettervorhersagen handeln. Das will ich jedoch ganz schnell wieder vergessen, denn daran kann ich sowieso nichts ändern!

23. Tag, km 1651

„Normalement, ça fait beau"... Diese Standard-Campingplatzbetreiber-Wettervorhersage hat sich wieder einmal bewahrheitet. Wolkenlos, 28 Grad! Hier in der Provence gibt es beim Wetter offenbar nur zwei Möglichkeiten: Wolkenlose Hitze oder Dauerregen.

Hier im Rhônetal haben sich vor 2000 Jahren zu Asterix' Zeiten die Römer mannigfaltig verewigt und Spuren in Form von Arenen, Triumphbögen und Mausoleen hinterlassen, wodurch meine heutige Etappe geprägt ist.

Zunächst fahre ich durch alte Alleen nach St. Rémy, in dessen Nähe die Überreste der Römerstadt Glanum liegen. Unvermittelt tauchen einfach so am Straßenrand plötzlich ein Mausoleum und ein kleiner Triumphbogen auf, beides recht gut erhalten. Wollte man den saftigen Eintritt berappen, so könnte man noch in etlichen Hektar Grundgemäuer herumstiefeln, aber die Gratisvorstellung reicht mir schon und ich frühstücke davor.

Weiter geht es durch vom Mistral windschief Alleen nach Tarascon, wo eine riesengroße Festung aus dem vierzehnten Jahrhundert über die Stadt wacht, bevor ich schließlich die Rhône überquere. Mit dem gurgelnden Walliser Gletscherbach, den ich vor zwei Wochen entspringen sah, hat der Strom hier natürlich nichts mehr gemeinsam: Die Rhône ist fett, träge und langweilig geworden.

Offenbar stellt sie hier eine scharfe Kulturgrenze ähnlich unserem Weißwurstäquator dar, denn auf der anderen Seite empfängt mich gleich folgendes Verkehrsschild: „Attention manifestation taurine – Attention bull demonstration – Achtung Stiere auf der Straße". Zunächst kann man das gar nicht glauben, dann schaut man sich ängstlich um und sucht hinter jeder Häuserecke nach einem wilden schwarzen Kampfstier, bis man feststellt, dass das wohl doch erstmal falscher Alarm war. Hier im unteren Rhônetal und in der Camargue gibt es einige Städte und Dörfer mit Stierkampfarenen, ich sehe viele Werbeplakate für Corridas nächste Woche in Nîmes. Man kann darüber denken wie man will, zweifellos ist es ein Bestandteil der hiesigen Kultur und als solcher der Bevölkerung sehr wichtig.

Um meinem allerersten Lateinbuch die Ehre zu erweisen, wo dem Pont du Gard eine eigene Story gewidmet war, muss ich ihn unbedingt besichtigen, wenn ich schon mal so nahe dran bin. So kämpfe ich mich gegen den Mistral Gard-aufwärts bis Remoulins, und plötzlich stehe ich direkt unter diesem imposantesten aller römischen Zweckbauten. Das 50 Kilometer lange Aquädukt, das die Stadt Nemausus (Nîmes) mit Wasser versorgte, kam insgesamt mit ganzen 17 Metern Gefälle aus. Das entspricht einem Höhenunterschied von 30 Zentimetern pro Kilometer Aquädukt! Eine ingenieurtechnische Meisterleistung, die im Zeitalter der lasergesteuerten GPS-Vermessung nichts als staunende Bewunderung hervorruft.

Auf der Brücke in Höhe der ersten „Etage" treffe ich ein amerikanisches Radlerpärchen aus Minneapolis. Das kommt mir sehr gelegen, denn wir machen aus, abwechselnd auf unsere Fahrräder aufzupassen. So können wir uns ein bisschen umsehen, ohne ständig um unsere Fahrräder bangen zu müssen.

Erst aus der Ferne werden mir die unglaublichen Ausmaße (50 Meter hoch, 250 Meter lang) und die Erhabenheit und Sanftheit, mit der sich dieser Riesenkoloss in die Landschaft des Gard einfügt, bewusst. Vollkommene Eleganz und Leichtigkeit, Synthese von Funktion und Ästhetik... Lange kann ich mich nicht von diesem Wunderwerk losreißen und

mache stundenlang Pause auf der Brücke. Weit unter mir fließt der Gard dahin, wie er das schon seit ewigen Zeiten tut, und mir gegenüber strömen Myriaden von Busladungen vorbei. Nicht einmal dieses Spektakel kann dem Bauwerk seine Würde nehmen.

Verlockend wäre es ja schon, hier gleich auf dem nächsten Campingplatz zu nächtigen, aber man muss ja sein Schicksal nicht herausfordern. Also rolle ich, nun kräftig unterstützt vom Mistral, nach Beaucaire hinab.

In Beaucaire gibt es eine mittelalterliche Festung, die hoch über der Stadt thront und das Gegenstück zu der auf dem anderen Rhône-Ufer in Tarascon darstellt. Mit gefletschten Zähnen standen sich hier lange Zeit zwei mächtige Reiche gegenüber. Heutzutage wird die Festung in der Nacht bunt angestrahlt: Bleu - - - Blanc - - - Rouge. Jeweils ungefähr 20 Sekunden lang gruselig blau, grell weiß und merkwürdig rot. Für den der's mag ist es das höchste!

24. Tag, km 1758

Sehr früh beginne ich die flachste aller bisherigen Etappen und rolle nach Arles. Nur für einige Rhône- und Autobahnbrücken wird es heute ein paar Meter „berg"auf gehen. In Arles schaue ich mir wieder ein paar

Römerreste an: Es gibt hier ein hübsches Amphitheater, das durch den Einbau einer riesigen Tribünenkonstruktion aus Metall für das 20. Jahrhundert fit gemacht wurde. In dieser Arena finden am Wochenende Stierkämpfe statt, wie den zahlreich angebrachten Plakaten zu entnehmen ist.

Weiter geht die Fahrt hinaus ins brettlebene Rhône-Delta. Die Rhône teilt sich kurz vor Arles, und da beide Arme über Jahrhunderte jeweils ihr eigenes Erosionsgut abgelagert haben, bildete sich dazwischen der „Étang de Vaccarés“. Diese gesamte Ebene heißt Camargue und ist sehr reich an Flora und Fauna. Da ich viel auf kleinen Nebenstraßen unterwegs bin, bekomme ich so allerhand zu Gesicht: Aus der Ferne sehe ich die kohlrabenschwarzen Kampfstiere heranwachsen, einige Wildpferde ganz in weiß trauen sich unmittelbar bis an die Straße. Außerdem gibt es Reiher, Kraniche und natürlich die berühmten Flamingos zu sehen. Sie sind zwar nicht so schön knallrosa wie im Tierpark Hellabrunn, sondern hellrosa bis weiß, aber immerhin habe ich sie gesehen!

Die riesige Ebene der Camargue ist bedeckt von kargen Grasbüscheln, Schilf und Bambus – ideale Bedingungen für Mücken jeglicher Art, und die gibt’s hier reichlich. Aus der Ferne sehen die mächtigen Mückenschwärme aus wie Rauch, der aus dem Windschatten von großen Bambusbüscheln dringt. Die Schwärme wabern über die halbe Straße... na dann guten Appetit, Augen und Mund zu, und durch!

Weil die Fahrt durch diese eintönige Landschaft auf Dauer langweilig zu werden droht, lässt sich mein Fahrrad mal wieder was einfallen. Ich höre ein „Pfffft..." und denke mir: Ein ordinärer Plattfuß, irgendwann war das ja fällig nach inzwischen 1700 Kilometern. Ich lade meinen Drahtesel ab, stelle ihn auf den Kopf – und sehe mit einigem Entsetzen, dass der hintere Mantel total abgefahren und an einer Stelle sogar vollständig durchgewetzt ist. Da ich aus Gewichtsgründen keinen Ersatzmantel dabei habe, ist das fast der Super-GAU. Also mache ich mich am Straßenrand daran, bei schattenlosen dreißig Grad den lädierten Mantel mit Duck Tape zu bandagieren, außerdem kommt der kaputte Mantel wegen der geringeren Belastung nach vorne. Eine Riesenaktion von eineinhalb Stunden Dauer. Da mag man am liebsten in die unendlichen Weiten der doofen Camargue lauthals fluchen, auf dass es nicht verhallt sondern von der ganzen Welt gehört werde. Natürlich passiert so eine kapitale Panne nicht direkt vor einem Fahrradgeschäft, sondern im hintersten Winkel einer der abgelegensten Gegenden Frankreichs.

Mit halber Luft und wegen der Bandage trotzdem noch sehr kräftig holpernd mache ich mich auf den beschwerlichen Weg nach Aigues-Mortes, wo ich fast schon in der Dunkelheit vollständig entnervt ankomme und gerade noch einen offenen Supermarkt fürs Abendessen erwische. Bevor ich mich zum örtlichen Campingplatz aufmache, bemerke ich trotz meiner desolaten nervlichen Verfassung noch, dass das kleine

Städtchen einen mächtigen komplett erhaltenen mittelalterlichen Stadtmauerring mit reichlich dicken Türmen hat. Das muss ich mir morgen genauer anschauen, wenn ich mich auf die Suche nach einem neuen Mantel mache!

25. Tag, km 1805

Hauptziel des heutigen Tages ist, einen neuen Mantel zu erbeuten, um das Fahrrad wieder funktionstüchtig zu machen. Mit einer guten Portion Glück finde ich ein Fahrradgeschäft, das einen einigermaßen vertrauenserweckenden Michelin-Mantel in meiner Größe da hat. Das ist bei weitem keine Selbstverständlichkeit, denn in Frankreich trifft man praktisch ausschließlich Rennräder oder Mountainbikes an, und keine Trekkingräder mit 28-Zoll-Bereifung! Zur Vervollkommnung meiner Glückssträhne zieht mir der nette Monsieur aus dem Fahrradgeschäft noch mit einem archaisch anmutenden Riesengabelschlüssel den Steuersatz nach, der besonders nach der Holperfahrt gestern wieder bedenklich zu wackeln begann.

Aigues-Mortes ist eine mittelalterliche Stadt mit einer exzellent erhaltenen Stadtmauer aus dem 12. Jahrhundert, mit sechs Toren und unzähligen mehr oder weniger massiven Wehrtürmen. Innerhalb dieses Mauer-

ringes drängt sich auch heute noch ein Großteil der Stadt mit sehr viel Charme und Atmosphäre zusammen.

Ich lade das sperrige Beutestück hinten auf und suche eine geeignete Freiluftwerkstatt. Direkt an der Stadtmauer lasse ich mich nieder, an einem Brunnen unter einem riesigen Magnolienbaum. Es ist einiges zu tun: Hinterer Mantel wieder nach vorne, und den neuen hinten drauf. Weil ich schon mal dabei bin, reinige und fette ich auch gleich noch die Schaltung. Nach der Regenfahrt vor einigen Tagen begannen die kleinen Zahnrädchen nämlich wieder zu zwitschern.

Viele Touristen und Einheimische ziehen vorbei oder setzen sich ins Rund und beobachten meine Reparaturarbeiten. Ein junger Franzose mit langen Haaren stellt sich als Dichter vor, der mal Sänger werden will, schaut mir lange zu und meint schließlich: „Tu dois aimer ton vélo“ – Du musst Dein Fahrrad wohl lieben.

So eine umfassende Reparaturaktion ist sehr kommunikationsfördernd, jedenfalls kommt kurz darauf eine junge Frau aus ihrem Tourist-Information-Stand auf mich zu. Sie hat mir wohl schon längere Zeit zugeschaut. Ich zeige ihr stolz den geflickten Mantel, der erstaunlich gut gehalten hat, und so kommen wir ins Gespräch.

Sandrine hat Kunstgeschichte und ein bisschen Architektur studiert und macht hier Fremdenführungen oder berät Touris an ihrem Info-Stand. Sie ist mir gleich sympathisch, erzählt schnell und viel und meint, ich müsse unbedingt auf der Stadtmauer spazieren gehen und mir den dicksten Turm anschauen. Ich trete ihr ein „pain au chocolat“ ab und sie lädt mich auf einen „café“ ein, wobei sie mir die gesamte Stadtgeschichte in Expressform aufs Auge drückt:

Gegründet im 12. Jahrhundert von Frankreichs König, der unbedingt einen Mittelmeerhafen wollte, wurde Aigues-Mortes durch Zölle und die Meersalzgewinnung schnell reich und florierte prächtig. Damals lebten innerhalb der Stadtmauer insgesamt unvorstellbare 15.000 Menschen, während das ganze Aigues-Mortes heute nur noch 5.000 Einwohner zählt. Während der Protestantenverfolgung funktionierte man den größten Turm kurzerhand zum Kerker um. Eine besonders hartnäckige Protestantin hielt es ganze 38 Jahre in diesem dunklen Loch aus, bevor man sie entließ – Zeit genug, sich zu verewigen und „résiste“ in den Sandstein zu ritzen, auf dass die Touris heute was zu staunen haben. Und...

und und, sie schüttet mich zu mit Anekdoten und Jahreszahlen, mit einer unglaublichen Begeisterung und Freude.

Während Sandrine dann ein Auge auf mein vélo wirft, suche ich zunächst einen Supermarkt auf, und mache dann die wärmstens empfohlene Stadtmauertour. Die ist wirklich einmalig, umwerfend, begeisternd! Von der Mauer über die Stadt spechtend komme ich mir vor wie Heinrich der Kühne höchstpersönlich. Vom Tour de Constance aus sieht man das Meer und Nîmes, und die riesigen Salzberge der Salinen leuchten grellweiß aus dem Marschland auf.

Ich erzähle Sandrine, dass ich Medizin studiere, und wie's der Zufall will ist ihre Mutter an der medizinischen Fakultät in Montpellier für das „musée anatomique" zuständig, welches für die Öffentlichkeit normalerweise gar nicht zugänglich ist. Montpellier besitzt die älteste medizinische Fakultät Europas, die schon im 13. Jahrhundert gegründet wurde. Bereits Paracelsus ging hier ein und aus...

Sandrine ruft ihre Mama in der Uni an und kündigt „Bernard, un jeune médecin" für vier Uhr an. Wir verabreden uns noch für den Abend in einem Café Montpelliers, und nach einem letzten phantastischen Blick auf die Stadtmauern von Aigues-Mortes kurble ich los wie ein Besessener, denn die Zeit drängt. Unterstützt von einem kräftigen Rückenwind fliege ich nach Montpellier, doch auch ein Schnitt von über dreißig sollte nicht ausreichen. In Montpellier verheddere ich mich noch im unübersichtlichen Straßengewirr, und so erreiche ich die Anatomie erst mit einiger Verspätung.

Der Pförtner gesteht mir, dass Mme Garbarek bereits das Haus verlassen hat, und die Enttäuschung muss mir deutlich ins bärtige Gesicht geschrieben gewesen sein. Jedoch lässt Mme ausrichten, dass ich morgen um elf Uhr vormittags noch mal kommen soll.

Ich stürze mich ins Gassengewirr und quartiere mich in der Jugendherberge ein. Mein Zimmer teile ich mit einem Holländer, dessen Name mir ein artikulatorisches Rätsel blieb, und drei Franzosen.

Doch ich habe kaum Zeit, dusche, esse und mache mich auf den Weg zum Café Monte Carlo. Bald trifft auch Sandrine ein, und wir machen uns auf, das nächtliche Montpellier zu erkunden. Jetzt schlägt ihre Fremdenführernatur voll durch, sie schleift mich kreuz und quer durch die gesamte Altstadt und erzählt ohne Unterlass. Viel Gotik gibt es hier, aber auch viel banalen Klassizismus, wie man ihn aus München kennt, und moderne Bauten.

Ein kräftiger Regenschauer treibt uns in eine Bar. Nach einem Cocktail taut Sandrine dann so richtig auf und erzählt mir von ihrem harten Touri-Kampfalltag. So heißen beispielsweise die riesigen Massen von Franzosen, die in der Hochsaison in die Stadt einfallen, im Jargon „les boefs" – „die Büffel". Weiter beklagt sie sich über die sehr weit verbreitete Unfreundlichkeit vor allem der französischen Touristen und rühmt sich ihrer rekordverdächtigen Abfertigungsgeschwindigkeit.

Nach dem Regenschauer geht es weiter durch die engen Gassen, und als gegen Ende (um zwei Uhr schließt die Jugendherberge) die Zeit knapp wird, schaltet sie den Nachbrenner in Form ihres alten Renault ein. Mit dieser Klapperkiste kutschiert sie mich noch mal in atemberaubender Manier durch die halbe Stadt, damit ich auch ja nichts verpasse von den sensationellen Sehenswürdigkeiten ihrer Heimatstadt.

Um kurz vor zwei husche ich in die Auberge und bin fix und fertig. Ein verrückter Tag.

26. Tag, km 1854

Diesmal bin ich schon sehr zeitig an der Anatomie, so eine Chance will ich mir nicht noch mal entgehen lassen. Das medizinische Institut ist unmittelbar an die mächtige gotische Kathedrale angebaut, und die Zeugnisse ihrer langen Geschichte sind unübersehbar: Antike Gedenktafeln, die Professoren seit 1270 aufzählen, zieren die Gänge, und unzählige Büsten stehen herum.

Als ich den radbegeisterten Portier frage, wo ich mein voll beladenes Fahrrad deponieren kann, bekommt er ganz leuchtende Augen und hilft mir, es in einen der zahlreichen Innenhöfe zu wuchten. Mme Garbarek erwartet mich schon, und nach einer Tasse extrastarkem Kaffee in ihrem engen Büro geht es dann endlich los: Der Eingang zum musée anatomique ist gesichert wie Fort Knox, und als Mme den schweren Riegel entfernt, komme ich mir vor wie der erste Mensch, der ihr dabei beiwohnen darf. Die schwere Tür öffnet sich, ich steige einige Treppenstufen hinab – und werde fast erschlagen von der unübersehbaren Pracht und Vielfalt. In dem langen, hohen Barocksaal mit kunstvoller Stuckdecke sind alle Wände von über drei Meter hohen Vitrinen bedeckt. Der riesige Saal ist zum Bersten gefüllt mit Präparaten, die teilweise bis zu 150 Jahre alt sind. Im Schnelldurchgang zeigt sie mir die beeindruckendsten Exponate, bevor sie mich alleine umherstreunen lässt im Allerheiligsten der ältesten medizinischen Fakultät Europas. Über hundert Schädel verschiedener Rassen gibt es zu bestaunen, Missbildungen, Tumoren... vergleichende Anatomie bis zum Abwinken, originale ägyptische Mumien, Kriegsverletzungen und erstaunlich primitive Knochenreparaturen aus dem ersten Weltkrieg... Um zwölf Uhr reißt mich Mme Garbarek aus meinen Studien, sie muss weiter. Sie drückt mir drei ausgemusterte medizinische Bücher in die Hand und ist auch schon wieder weg.

Nach meinem mehr als gelungenen Aufenthalt in Montpellier fällt mir das Radeln schwer. Ich quäle mich mangels Alternativen auf einer dicken roten Nationalstraße, die teilweise autobahnartig ausgebaut ist, gen Süden. In Sète, kurz bevor es zu schauern beginnt, schicke ich die Bücher mit der Post nach Hause, denn in den wasserdichten Packtaschen ist kein Platz mehr dafür. Auf der schmalen Landzunge zwischen Sète und Cap d'Agdes setzt gegen Abend ergiebiger Regen ein, und ich lasse mich auf dem nächstbesten Campingplatz nieder.

27. Tag, km 1960

Ein absoluter Mondpreis für den Campingplatz, der um das doppelte über dem normalen liegt, und die unangenehm stark befahrenen Nationalstraßen ohne Ausweichmöglichkeiten erleichtern mir den vorläufigen Abschied vom Mittelmeer. Bis Béziers ist noch recht viel los und ich lande mal wieder auf einer „Stadtautobahn“, aber danach habe ich endlich wieder meine Ruhe.

Den ganzen Tag pfeift mir ein ordentlicher Gegenwind ins Gesicht. „Tramontagne“ ist sein Name, und laut Wetterbericht ist er bis zu 60 km/h stark! Unverschämtheit, dass der nicht von hinten kommt, denn dann wäre ich mit deutlich weniger nervlicher Belastung mindestens dreimal so schnell unterwegs.

Es gibt wirklich kaum etwas nervigeres, als gegen einen so starken Wind anzukämpfen: Anstrengung und kleine Gänge wie bei einer Passfahrt, und dabei könnte das alles auch ganz einfach sein... Ich brülle lauthals Flüche in den Wind und versuche das ganze mit Galgenhumor erträglich zu gestalten.

Meine Fahrt geht den Canal du Midi aufwärts nach Westen. Dieser historische Kanal verbindet das Mittelmeer über die Garonne mit dem Atlantik. Kilometerlange Weinberge oder Felder säumen die Straßen, die sanft hügelige Landschaft am Fuß der Cevennen ist vollständig dem Wein verschrieben. Selbst bei diesen Windstärken riecht es in vielen durchfahrenen Dörfern durch und durch nach Wein, und auf der Straße prangen Weisheiten wie „vin = santé“ („Wein = Gesundheit“) oder „buvez vin!“ („Trinkt Wein!“).

Pausen mache ich nur im Windschatten großer Gebäude. Gut geeignet sind beispielsweise Supermärkte, oder auch eine verlassene Obstbude am Straßenrand. Es ist eine wahre Erlösung, wenn dort das laute Wummern in den Ohren nachlässt.

Doch macht mir heute nicht nur der Gegenwind zu schaffen, im Tagesverlauf fällt auch noch die Temperatur bis auf fünfzehn Grad und es beginnt zu schauern. Der Herbst kündigt sich an, und mir wird mal wieder bewusst, wie lange ich nun schon unterwegs bin.

Der Wind hat mich so stark ausgebremst, dass ich erst um neun Uhr in der Dunkelheit am Campingplatz ankomme, total entnervt und erledigt.

Nach dem Abendessen mache ich mich an meine Bettlektüre: Ich habe mal wieder eine deutsche Zeitung erbeutet. Zwar nur die mit den großen Buchstaben, aber immerhin. In Erinnerung blieb mir besonders die sehr einprägsame Wetterkarte: Während ganz Deutschland flächendeckend von dunklen Regenwolken verhangen ist, lachen mir in Spanien 15 Sonnen entgegen. Das motiviert, endlich die Pyrenäen in Angriff zu nehmen! Des weiteren erheiterte mich mein persönliches Horoskop: „Widder: Sie müssen raus in die Natur. Gönnen Sie sich einen Kurztrip!“

28. Tag, km 2009

Die „Tramontagne“ bleibt mir heute unverändert treu, es wird noch kälter und rege Schauertätigkeit begleitet mich den ganzen Tag. Am Campingplatz erfreut mich der Besitzer noch mit der Feststellung, dass man solches Wetter hier nur im Winter gewöhnt sei. Immerhin soll es in den nächsten Tagen wieder besser werden.

Nach Carcassonne, das für ein paar Wochen den großen Fixpunkt im Süden meiner Radltour darstellte, sind es nur noch wenige Kilometer. Vor kurzem wurde die Cité von der UNESCO zum Weltkulturerbe erklärt, und das nicht ganz zu Unrecht. Die Altstadt mit ihrem komplett erhaltenen doppelten Stadtmauerring thront auf einem Hügel hoch über dem Rest der Stadt. Allerdings hat sich die Legoburg-Ästhetik dieses mittelalterlichen Bollwerkes herumgesprochen, so dass die Altstadt vor Touristen nur so aus allen Nähten platzt. Ich habe das Gefühl, eher durch ein überdimensionales Museum zu laufen als durch eine authentische Stadt! Alles ist ein bisschen zu schön, zu glatt und zu sauber, und alles ist dem Tourismus verschrieben. Praktisch alle Bauten der Cité werden entweder als Hotels genutzt, als Postkarten- und Souvenirshop oder als Touri-Speisungsanlage. Zweifellos hat mich dieses gigantische Bollwerk beeindruckt, es kann mich jedoch weder begeistern noch fesseln. Ich schiebe mein Fahrrad durch die Gassen und zwischen den Stadtmauern hindurch und mache mich enttäuscht wieder aus dem Staub.

Der Wind hat im Vergleich zu gestern sogar noch einen Gang zugelegt und schafft es heute, mich zu demoralisieren. Langsam verlasse ich das breite Tal des Canal du Midi, es wird hügeliger und die Pyrenäen kündigen sich an. Dort soll heute schon der erste Schnee fallen.

Und immer wieder dieser irre Gegenwind. Zwischendurch schafft es folgendes Naturschauspiel, das mir der Himmel heute periodisch bietet, doch wieder, mich in seinen Bann zu ziehen: Über weite Strecken kann man das ganze breite Tal überblicken, das hier und da von der Sonne beschienen ist und ansonsten von bauschigen Wolken bedeckt wird. Dann naht eine fette, dunkelgraue und sehr tief fliegende Regenwolke, die in rasender Geschwindigkeit auf mich zurollt. Zunächst nimmt sie mir die Sicht ins Tal, bevor es zu tröpfeln beginnt. Dies ist das ultimative Warnzeichen, sich schleunigst nach einem Unterstand umzusehen, denn gleich wird man sich inmitten dieser grauen Wolke befinden und den Wolkenbruch ins Gesicht gefetzt bekommen.

Ich finde Zuflucht unter den Markisen irgendwelcher Geschäfte, unter Brücken und einmal bei einem Bauernhof. Der Hofhund erkennt offenbar meine prekäre Lage, denn er lässt mich in Frieden. Der freundliche Bauer wechselt einige Worte mit mir und erklärt, dass der ausgedörrte Boden den Regen bitter nötig habe und dass es in den nächsten Tagen wieder besser werden soll. Dann lädt er mich zum Unterstehen in einen geräumigen Geräteschuppen ein, wo ich die nächste Stunde verbringe.

Abends dann noch ein Ereignis der besonderen Art: Der Tacho springt um auf 2000 Kilometer. Sehr erhebend, auch wenn es nur Statistik ist.

1.4 Die Pyrenäen

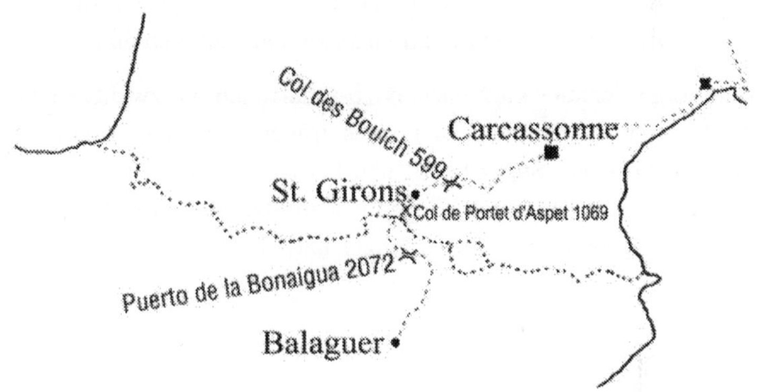

29. Tag, km 2055

Keine wirkliche Wetteränderung heute: Vierzehn Grad, rege Schauertätigkeit und weiterhin demotivierender Gegenwind machen mir das Leben schwer. Dass ich bei diesem Wind erstaunliche drei Meter weit pinkeln kann, natürlich entgegen der Fahrtrichtung, kann mich schon seit gestern nicht mehr erheitern. Genauso wie die Tatsache, dass einem alles wegfliegt was man nicht anpflockt, Löffel eingeschlossen.

Mit dem plötzlichen Klimawechsel habe ich auch meinen Essensplan und Tagesablauf umgestellt: Da es so kalt ist, esse ich mehr fettes und süßes Zeug, und ich schlafe länger. Die unverschämt tiefen Temperaturen bekommen meiner Muskulatur gar nicht gut und erhöhen die Krampfneigung deutlich, so dass ich nun damit beginne, Magnesiumtabletten zu nehmen. In erster Linie gefährdet sind natürlich die Waden, aber auch die Arme, die beim Fahren besonders kalt werden...

Als die Regenschauer kurz nachlassen schaffe ich die zwanzig Kilometer nach Mirepoix, dem nächsten etwas größeren Ort. Hier suche ich zunächst den örtlichen Super-U auf und lausche gebannt dem regelmäßig wiederkehrenden Platzregen. Gegen Nachmittag bessert sich das Wetter leicht, die Regenpausen werden länger und ab und zu schaut sogar die Sonne heraus.

So mache ich mich auf, dem mittelalterlichen Stadtkern einen Besuch abzustatten, der wirklich sehenswert ist. Offenbar richtet man sich in dieser Gegend schon seit Jahrhunderten auf sintflutartige Regenfälle ein, denn es gibt hier (nicht nur um den großen Marktplatz) viele sehr breite Arkaden. Bunte, uralte Fachwerkhäuser schmiegen sich um den zentralen Platz aneinander und überdachen die weitläufigen Arkaden, und von

den Holzbalken grinsen mir kunstvoll geschnitzte Dämonen, Fratzen und Tiergestalten entgegen. Die Wetterküche brodelt, und für kurze Zeit gewinnt die Sonne den heute aussichtslosen Kampf gegen die dunklen Regenwolken. Ich sauge die einmalige Atmosphäre dieses Platzes in mich auf und speichere die Wärme der Sonnenstrahlen und der sympathischen Architektur für die kommenden Regentage.

Den Rest der kurzen Etappe absolviere ich wieder von Unterstand zu Unterstand hangelnd, was oftmals sehr kommunikationsfördernd ist. Ein Bauer meint zu mir, dass ich in den Pyrenäen wahrscheinlich mit Schnee rechnen muss... à propos: Ich bemerke immer öfter, dass ich mich in Richtung Katalonien bewege. Man spricht hier einen furchtbaren Dialekt oder – besonders die Alten – sogar Katalanisch!

Zu meinem Entsetzen hat sich nach den häufigen Regenfahrten heute auch der linke Fahrradschuh ziemlich vollständig aufgelöst. Die Sohle löste sich von der Ferse her bis zum Ballen komplett ab, und ich sehe, wie primitiv solche Fahrradschuhe eigentlich aufgebaut sind. Leider ist eine Reparatur bei den zur Zeit extrem feuchten Klimabedingungen kaum möglich, so dass ich beschließe, mich morgen nach einem neuen Paar umzusehen.

30. Tag, km 2139

In Foix, einer lebendigen Kleinstadt, erfolgt am Morgen die schuhmäßige Desillusionierung. Nur mit großer Mühe und Geduld kann ich hier das einzige vernünftige Fahrradgeschäft ausfindig machen, doch gibt es dort nur zwei Paar Schuhe zur Auswahl: Beide mit Carbon-Sohle (?), beide absolut potthässlich und beide nicht für meine Pedale geeignet. War ja klar, dass die Franzosen da wieder mal Eigenständigkeit demonstrieren müssen, und sich eine weltweit einmalige Sonderlösung einfallen ließen.

Vorsorglich hatte ich die Schuhe über Nacht mit Zeitung ausgestopft und somit gut getrocknet. Im Fahrtwind auf die Lowrider geschnallt kann ich ihnen tagsüber noch ein wenig Feuchtigkeit entziehen, und während der Mittagspause sichte ich dann meine letzten Klebstoff-Vorräte. Den kläglichen Rest Seam Grip, der mir von meinen bisherigen Reparaturen noch geblieben ist, verteile ich auf die sorgfältig gereinigte

Sohle, und damit nur das zusammenwächst, was zusammen gehört, fixiere ich das ganze dann noch umständlich mit einem soeben in Foix erstandenen Bindedraht.

Gegen Nachmittag klart das Wetter auf und es wird noch so richtig schön. Eine Wiedergeburt! Nicht nur mein Handtuch wird mal wieder trocken, auch meine vor Kälte erstarrten Beine erwachen aus ihrem Winterschlaf. Das Radeln macht wieder Spaß.

Endlich lüftet sich der graue Schleier, der sich seit drei Tagen über mich gelegt hat, und so präsentiert sich das Pyrenäen-Vorland zum ersten mal in seiner ganzen Schönheit: Sanfte sattgrüne Hügel und Berge, dunkle Täler, altehrwürdige Bergdörfer, und im Hintergrund die weißen mit Puderzucker bedeckten Zwei- bis Dreitausender. Der erste Schnee ist gefallen, und im „Figaro“ las ich, dass in Toulouse vor kurzem ein Jahrhundert-Kälterekord aufgestellt worden ist. Da habe ich ja wieder mal etwas ganz besonderes erlebt!

Von Foix aus geht es zunächst hinauf zum Col des Bouich (599 m), bevor ich dann immer leicht auf und ab nach St. Girons rolle. Das ist traumhaftes Fahren, wie ich es lange vermisste: Die Sonne scheint mir auf den Pelz, der Gegenwind hat stark nachgelassen, und die Pyrenäenkulisse ist einfach phantastisch.

St. Girons überrascht mich als ein sehr sympathisches und aufgewecktes Städtchen. Offenbar ein richtiger Geheimtipp: Ein malerisches Stadtzentrum an einem rauschenden Gebirgsfluss, in idealer Ausgangslage für vielfältige Unternehmungen in den Pyrenäen. Auch für mich ist St. Girons das Tor zu den Pyrenäen-Pässen der nächsten Tage.

Vom guten Wetter berauscht fahre ich noch weiter bis nach Augirein, das schon auf über 600 Metern Höhe liegt, um für morgen eine gute Ausgangsposition zu schaffen. Auf dem sehr privaten Campingplatz lässt sich heute außer mir nur ein holländisches Ehepaar mit einem VW-Bus nieder. Der Holländer bestaunt zunächst mein Gepäck und kann kaum glauben, dass ich in München losgefahren bin. Er schaut mit großen Augen mein Fahrrad an und nimmt ungläubig zur Kenntnis, dass der Sattel höher als der Lenker ist, lässt sich den Tacho mit Höhenmesser vorführen und ist fasziniert wie ein kleines Kind...

31. Tag, km 2210

Nicht nur meteorologisch war dieser Tag hochinteressant. Der Regen hat mich zwar nie erwischt, aber ich konnte regelmäßig dunkel drohende Regenwolken aufziehen sehen. Immer, wenn ich mir absolut sicher war, die Sonne heute nicht mehr zu Gesicht zu bekommen, riss es plötzlich wieder auf. Die Regenwolken schwappen wie Wellen in einem großen

Meer über mich hinweg, jedoch ohne sich ihrer unangenehmen Fracht zu entledigen.

Über drei kleinere Pässe erreiche ich St. Béat, das zwölf Kilometer vor der Grenze zu Spanien liegt. Hier vertelefoniere ich noch den Rest meiner „télécarte“, bevor ich dann Garonne-aufwärts und Preisgefälle-abwärts nach Spanien rolle.

Der Abschied von Frankreich stimmt mich wehmütig. Denn an die Franzosen und ihr Land habe ich mich inzwischen sehr gut gewöhnt: Ich wusste ziemlich genau, was mich erwartet, und konnte mein angestaubtes Schulfranzösisch zumindest so weit reaktivieren, dass ich alles verstand was man mir sagte. Spanien dagegen ist absolutes Neuland für mich, und Spanisch ein Buch mit sieben Siegeln. Doch die Neugier treibt mich weiter. Ich stürze mich gerne ins Unbekannte, und irgendwie wird es schon gut gehen!

Die riesigen Ausmaße dieses Landes zeigen sich deutlich an der Tatsache, dass die Fahrt von München nach Spanien genauso lange dauerte wie die nun folgende Fahrt durch Spanien dauern wird, nämlich jeweils einen Monat.

Mit derlei Gedanken beschäftigt überquere ich die Grenze und rolle nach Spanien. Während der letzten zwanzig Kilometer gab es weder eine Tankstelle noch einen größeren Supermarkt. Ziemlich unmittelbar nach dem Grenzübergang dagegen bilden sich Warteschlangen an einer Tankstelle, und auf der grünen Wiese wurde ein großes Einkaufszentrum aus dem Boden gestampft: Das deutliche Preisgefälle lässt grüßen!

Natürlich kann ich es nicht lassen, sofort diesen Supermercado zu besichtigen. Außer dem rechteckigen Grundriss hat er mit seinen französischen Artgenossen praktisch nichts gemein, die Atmosphäre kam mir eher vor wie im Anadolu-Supermarkt in der Schwanthaler Straße... ich tauche ein in eine andere Welt, eine neue Kultur, und es wird wieder spannend.

Abends am Campingplatz stellt sich dann heraus, dass ich dank meiner Latein- und Französischgrundlage zwar des Spanischen passiv ganz gut mächtig bin. Jedoch bringe ich zur Zeit selbst noch kein einziges vernünftiges Wort heraus... Ziemlich peinlich, aber zum Glück kann man sich hier ja auch noch mit Händen und Füßen verständigen.

32. Tag, km 2273

Zum Frühstück gibt es heute erstmal einen ordentlichen Schock. Ich krame die EC-Karte heraus, weil ich Peseten brauche und möglichst bald eine Bank aufsuchen will. Doch leider muss ich entsetzt feststellen, dass ich nun stolzer Besitzer zweier halber EC-Karten bin! So genial war das Versteck in der Fleece-Jacke, die ich Tag für Tag in den Packsack stopfte, dann wohl doch nicht... !

Naja was soll's, so schnell haut mich keine Panne mehr aus den Latschen. Tesafilm gekauft, Karte kunstvoll geklebt und in den Automaten gestopft – ein bisschen Optimismus hat noch niemandem geschadet. Doch natürlich bemängelt er, dass irgend etwas mit der Karte faul sei. Zugegebenermaßen hätte ein gegenteiliges Ergebnis mein Vertrauen in die Sicherheit sämtlicher Magnetstreifenkarten fundamental erschüttert.

Euroschecks und Reisepass heraus gekramt, und in der Bank (die Dame spricht Englisch!) mache ich dann erste Erfahrungen mit der berüchtigten spanischen Bürokratie. Eine halbe Stunde lang füllt die eifrige junge Dame Formulare aus, kommuniziert mit ihrem Computer, tätigt drei Telefonanrufe und kopiert meinen Pass sowie die kaputte EC-Karte, bis ich dann letztendlich doch noch – oh Wunder! – zu meinem Geld komme.

Ein Stein fällt mir vom Herzen, und erleichtert rolle ich aus der hässlichen Kleinstadt Vielha in Richtung meines letzten und höchsten Pyrenäen-Passes, dem 2072 Meter hohen Puerto de la Bonaigua. Garonaaufwärts kurble ich mich durch unzählige teilweise ausgesprochen hässliche Schiorte bergwärts, betört vom phantastischen Wetter und einer traumhaften Bergkulisse. Hier auf der spanischen Seite wirken die Pyrenäen deutlich schroffer und kahler, und in der Ferne sehe ich sogar einen Gletscher hervorblinken. Jedoch bleibt dieses Hochgebirge auch in seinen höheren Lagen sanfter und weniger abweisend als vergleichbare alpine Gegenden.

Das Umweltbewusstsein der Spanier lässt noch einiges zu wünschen übrig. Weit oben am ehedem malerischen Talgrund der Garona werden die Almwiesen von kilometerweit rumorenden Baggern aufgerissen und zerfleischt: In herrlicher Lage eröffnete man hier einen Steinbruch, eine Umweltsünde ohne gleichen. Dieser Anblick schmerzt.

Unterdessen ziehen sich die 1300 Höhenmeter bis zur Passhöhe ganz schön. Stellenweise verdammt steil geht es am Talschluss in Serpentinen himmelwärts. Hier überholt mich ein Motorradfahrer aus Frankfurt, der noch bedeutend mehr Gepäck dabei hat als ich: Das Gefährt sieht aus wie ein beladenes Kamel und würde eher in die Sahara passen als in die Bergwelt der Pyrenäen.

Die Abfahrt ist unvergesslich berauschend. Auf frisch geteerter Straße, schnurgerade den Berg hinab und mit leichtem Rückenwind stelle ich einen neuen persönlichen Geschwindigkeitsrekord auf: 79,2 Stundenkilometer! Beim Blick auf den Tacho bekomme ich weiche Knie, denn trotz Helm hätte ein Sturz bei solchen Geschwindigkeiten fatale Konsequenzen.

Diese Traumabfahrt also – fast die schönste, nicht nur die schnellste meiner bisherigen Tour! – bringt mich nach Esterri d'Aneu und schließlich zum Campingplatz in Guingueta, wo ich erst mal einem spanischen Mountainbiker mit plattem Hinterreifen Pannenhilfe leiste. Er ist sichtlich beeindruckt von meinem Werkzeugsortiment und davon, dass ich aus Deutschland anradelte. Langsam klingt es entweder unglaubwürdig oder total verrückt, wenn ich erzähle, dass ich vor fünf Wochen in München, Alemania, aufgebrochen bin...

Der Sonnenuntergang ist wunderschön. Mit ihren letzten Strahlen taucht die Sonne die kahlen Pyrenäen-Gipfel in ein betörend warmes Licht und bringt sie noch einmal zum Erleuchten, bevor sie im Dunkel der sternklaren Nacht versinken.

33. Tag, km 2369

Heute verabschieden sich die Pyrenäen von mir. Den ganzen Tag folge ich dem Fluss Rio Noguera Pallarese abwärts nach Süden. Streckenweise hat er sich eine Schlucht mit hundert Meter hohen senkrechten Felswänden gegraben, teilweise fließt er träge dahin und wurde sogar mehrmals aufgestaut. Die Bergdörfer mit ihren grauen Schindeldächern mutieren langsam zu „ganz normalen" spanischen Kleinstädten, die Landschaft verliert zusehends an Grandiosität und Reiz und gegen Abend finde ich mich in monotonem Hügelbrei wieder.

Nachmittags um vier rolle ich in Tremp ein, einer mittelgroßen Kleinstadt, und ich benötige dringend einen Supermarkt. Doch alle Läden sind verrammelt. Frauen, Kinder und Senioren haben sich auf dem gut beschatteten, lang gestreckten Dorfplatz versammelt. Man sitzt auf den zahlreichen Bänken, flaniert umher und belagert die umliegenden Cafés. Siesta! Nachmittags bleibt hier die Zeit stehen. Hätte ich mir ja fast denken können.

Um Punkt fünf öffnen die Geschäfte wieder, und die Zeit läuft weiter. Nach dem Supermarktbesuch mache ich mich wieder auf die Socken und nehme die letzten Kilometer in Angriff.

Nochmals fahre ich durch eine beeindruckende Schlucht. Auf einem Parkplatz plätschert ein munterer kleiner Trinkwasserbrunnen, der von einer nahen Quelle gespeist wird. Hier werde ich Zeuge eines eigenartigen Schauspiels: Ein Mann, seine Ehefrau und die Oma sind offenbar schon länger damit beschäftigt, ungefähr 30 fein säuberlich in Reih' und Glied aufgestellte Fünf-Liter-Kanister mit dem Quellwasser aufzufüllen. Zum Wasserholen haben sie das gesamte Auto leergeräumt, und beim Beladen geht es Kanister für Kanister tiefer in die Knie. Mit Händen und Füßen erklärt er mir, dass dieses Wasser absolut hervorragend sei, und dass er das immer hier hole... So fülle ich auch meinen Fünf-Liter-Kanister auf und realisiere, dass Wasser hier in Spanien ein sehr kostbares Gut ist.

1.5 Nord- und Mittelspanien

34. Tag, km 2423

In Balaguer wartet das nächste postlagernde Päckchen auf mich, und schon seit längerem freue ich mich auf dieses Lebenszeichen aus der Heimat. Insbesondere freue ich mich auch auf den bestellten Seam-Grip-Nachschub! Doch die dorthin verbleibenden 30 Kilometer entpuppen sich als erstaunlich anstrengend: Frühmorgens überrascht mich ein nicht auf der Landkarte eingezeichneter Pass, es gilt eine tiefe Schlucht des Rio Noguera Pallarese zu umgehen.

Mit einer rasanten Abfahrt entlassen mich die Pyrenäen schließlich endgültig in die sanften Hügelketten Nordspaniens. Die gähnende Leere in meiner Essens-Packtasche lässt mich dann in Balaguer gleich den ersten Supermarkt ansteuern. Hier in Spanien gibt es nicht wie in Frankreich zahlreiche große Supermärkte „auf der grünen Wiese" vor den Toren der Städte, sondern es haben sich noch die kleinen Geschäfte und Tante-Emma-Läden erhalten. Die sind zwar nach außen hin sehr unscheinbar und nicht so einfach aufzuspüren, dafür haben sie Flair und alles, was der Mensch braucht.

Anschließend frage ich mich zur heiß ersehnten Post durch. Ich werde mehrmals mit einem Schwall Erklärungen übergossen, und mit viel Phantasie und vor allem dem guten Willen der Befragten gelingt es mir sogar, ihn richtig zu interpretieren.

Wie schon in Südfrankreich hat es auch diesmal mit dem „Poste restante"-Päckchen wieder wunderbar funktioniert, und hier in Spanien kostet das nicht einmal Gebühr. Vor dem Postamt setze ich mich auf den Bürgersteig und packe es aus. Natürlich ist der dringend nötige Seam-Grip-Nachschub dabei, eine halbe Süddeutsche Zeitung und ein bisschen Post aus der Heimat. Sofort stürze ich mich auf die neuen genaueren Landkarten, denn die letzten Tage habe ich mich mit der Spanien-Übersichtskarte durchgeschlagen. Nachdem die erste Neugier gestillt wurde, versuche ich, alles irgendwie an meinem nach dem Einkauf sowieso schon übervollen Fahrrad zu verstauen. Inzwischen bin ich beladen wie ein Packesel, mit Futter fürs Wochenende, meinem Fünf-Liter-Kanister Wasser und zwei riesigen Broten.

Während ich vor dem Postamt sitze, dringt ein leises Geräusch an meine Ohrmuscheln. Dieses Rauschen, oder vielleicht besser: Dieses ferne Gemurmel hat meine Neugier geweckt, und so mache ich mich auf die Suche nach dessen Quelle. Solchen Geräuschen muss man einfach nachgehen! Ich schiebe mein Fahrrad durch die verlotterten Gassen, und langsam aber sicher nimmt das Gemurmel an Lautstärke zu. Plötzlich öffnet sich das enge Gässchen zu einem weiten Platz, und unvermittelt schwillt das latente Gemurmel zu einem lautstarken babylonischen Stimmengewirr an. Heute ist Markttag in Balaguer, und die ganze Stadt ist auf den Beinen.

Ich deponiere meinen Drahtesel in einer Seitengasse direkt neben einem wachsamen Polizisten und stürze mich in den Strudel der Farben, Gerüche und Düfte. Hektik liegt in der Luft. Trotzdem fühle ich mich sofort wohl hier. Im „Wohnzimmer“ der Stadt, einem von Arkaden umgebenen Platz mit schattenspendenden Bäumen, wuselt es wie in einem Ameisenhaufen. Es gibt hier wirklich alles zu kaufen, was der Mensch so brauchen kann. Kleidung, Schuhe, Unterwäsche, Haushaltswaren, geknüpfte Teppiche, Kinderspielzeug, ... und alles was das Land an Obst und Gemüse, Oliven, Fleisch, Wurst und Käse hergibt. Es gibt einfach alles. Und wie das duftet! Man kauft ein, und vor allem steht man herum und diskutiert eifrig in kleineren und größeren Grüppchen. Ungefähr 70 alte Männer quetschen sich in die beliebteste Bar am Platz, füllen die Arkade davor bis zum Bersten und drängen sich sogar noch unter den Sonnenschirmen.

Dieser Kulminationspunkt des öffentlichen Lebens ist um so beeindruckender, da er im absoluten Kontrast zum Rest dieses Landes steht, wie ich auf der Weiterfahrt wieder feststelle: Endlose Ebenen, weit auseinander liegende Dörfer, staubbedeckte Straßen, kahle ausgedörrte Hügel und stinkende Flüsse. Absolute Einöde, teilweise schon ziemlich nah an „Wüste“.

Heute fahre ich nicht mehr weit und mache schon in Vilanova de la Barca Schluss, zehn Kilometer vor Lérida. Ich gönne mir einen halben Ruhetag, verdaue das Päckchen aus der Heimat, pflege mein Fahrrad und ernähre mich großzügig. Nächste Woche will ich ein großes Stück vorankommen!

35. Tag, km 2547

Noch im Morgennebel lege ich die letzten Kilometer nach Lérida zurück. Lérida entpuppt sich als stinkende Industriestadt, auf dem Reißbrett entworfen, mit Ausnahme des alten Stadtkernes. Doch der geht ziemlich unter. Diese Stadt kann mich überhaupt nicht begeistern, vielmehr schreckt sie mich ab und so entfliehe ich diesem Moloch auf dem schnellsten Weg durch seine ätzenden Industriegebiete.

Nach zwanzig Kilometern verlasse ich die große fruchtbare Ebene Léridas, in der es penetrant nach „Wildpark Poing" stinkt. Es wird gut hügelig, geht auf und ab und die Hänge werden wieder grün: Oliven- und Mandelbäume so weit das Auge reicht! Es ist gerade Mandelerntezeit, und so sehe ich wie das funktioniert. Man legt ein großes Netz unter den Baum und drischt mit einem Stock wild auf seine Äste ein. Die Mandeln prasseln auf das auf der Erde ausgebreitete Netz, welches man dann zusammenzieht... So einfach ist das.

Spanien ist wirklich außerordentlich dünn besiedelt. Die Dörfer liegen im Normalfall um die 20 Kilometer auseinander, so dass man von einem Dorf zum nächsten eine Stunde braucht, manchmal auch deutlich länger. Dazwischen ist meist nichts, gar nichts, viele Felder, Pampas. Die Dörfer selbst sind dann oft wenig einladend. Offenbar haben die Spanier eine große Vorliebe für Beton in sämtlichen Variationen und sind der Blumenpracht ziemlich abgeneigt. Zumindest letzteres ist angesichts des heißen, trockenen Klimas gut nachvollziehbar.

Mein Spanisch ist noch sehr mäßig. Das ist wirklich schade, denn oft sprechen mich Einheimische ob meines obskuren Erscheinungsbildes an. Sie lassen einen beeindruckenden Wortschwall los und lächeln mich freundlich an. Ich kann dann höchstens zehn Prozent davon verstehen bzw. erahnen. Dann bin ich an der Reihe, etwas zum Gespräch beizutragen. Ich bringe die Wortfetzen „Alemania", „Munich" und „2500 kilometros" in die Diskussion ein. Dann sind sie schwer beeindruckt. Als Reiseziel gebe ich „Granada" an und nicht „Gibraltar", denn ich will die netten Spanier nicht daran erinnern, dass dieser Felsen noch immer in englischer Hand ist – ein nationales Trauma allerersten Ranges.

Über einen letzten kleinen Pass (Col de Lilla, 580 Meter) geht es endgültig hinunter ans Mittelmeer. Tarragona ist ein ebenso unangenehmer Moloch wie Lérida. Unzählige Raffinerien ziehen an mir vorbei, und natürlich duften die auch hier nicht nach Rosen. Im alten Zentrum drehe ich eine kleine Runde, es gibt hier ein verfallenes römisches Amphitheater und eine geschmackvolle Promenade mit romantischer Aussicht auf den Containerhafen. Jetzt am Sonntagabend sind die Straßen, Parks und Cafés rammelvoll mit Spaziergängern und Pärchen, und eine heitere Stimmung liegt über der Stadt.

Beim Verlassen Tarragonas beschleunige ich meinen Tritt, um den ätzenden Ausdünstungen der ausgedehnten Industriegebiete schneller zu entkommen. Den Industrie-Norden Spaniens habe ich nun endgültig satt.

Es ist schon dunkel, als ich den Campingplatz in Salou erreiche. Salou ist eine Touristen-Retortenstadt und besteht aus planlos aneinandergereihten zerklüfteten Betonklötzen, deren perverse Ästhetik erst in der Dunkelheit und bunt beleuchtet voll zur Geltung kommt. Für die Touris ist hier jeden Abend High-Life: Um zehn Uhr abends haben noch alle Geschäfte geöffnet, und die Bars füllen sich langsam. Staunend ziehe ich durch die Straßen und grüble nach über diese Urlaubsindustrie.

36. Tag, km 2654

Unerwartet zeigt sich heute, dass die Urlauber-Agglomerate auch ihre positiven Seiten für mich haben. In ihren riesigen Supermärkten findet sich, man glaubt es kaum, eingeschweißtes original deutsches Vollkorn-Schwarzbrot, was ich mir natürlich nicht entgehen lassen kann. Eine willkommene Abwechslung nach fast vier Wochen ausschließlich Weißbrot! Des weiteren kann ich mich mal wieder mit deutschen Zeitungen eindecken, was während der letzten Woche in der Pampas schlicht unmöglich war.

Mangels vernünftiger Alternativen fahre ich die Küstenstraße N340 nach Süden. Vom Schwerlastverkehr umtost und von Abgasen eingenebelt ist das kein Vergnügen, aber immerhin gibt es einen luxuriös breiten Seitenstreifen. So riskiert man hier als Radler wenigstens nicht permanent sein Leben!

Die Straße verläuft zwischen Meer und den teilweise unmittelbar ansteigenden Hügeln bzw. Bergen durch endlose Olivenhaine und Mandelbaumplantagen. Die Touri-Retortenstädte sind aufgereiht wie an einer Perlenkette, regelmäßig alle 15 Kilometer. Und natürlich wird munter weiter gebaut, Beton-Silo an Beton-Silo.

Bei Ampolla verlasse ich die Küstenstraße und fahre hinein ins „Delta del Ebro". Der Ebro ist der mächtigste Fluss Nordspaniens, und ich überquere ihn standesgemäß auf einer kleinen Fähre (Fahrpreis ~ 60 Pf.). Das Ebrodelta ist agrartechnisch vollständig erschlossen. Auf holprigen und dafür sehr ruhigen Nebenstraßen geht es durch die endlosen Reisfelder. Erntezeit. Riesige Ungetüme von Erntemaschinen wühlen sich mit panzerartigem Unterbau durch die sumpfigen Felder, natürlich nicht ohne entsprechende Spuren zu hinterlassen.

In La Cava werde ich Zeuge eines uralten Schauspiels: Auf einem großen Platz wird der geerntete Reis getrocknet und mit Pferdekraft auf der riesigen Fläche verteilt. Die Tiere ziehen einen überdimensionierten

Rechen hinter sich her. Ein Bauer folgt ihnen, lenkt und sieht zu, dass das Pferd nicht stehen bleibt. Im ausgebreiteten Reis bleiben dann hübsche Muster zurück, die ich lange beobachte. Die Spuren der Rechen haben den Platz in ein riesiges, kurzlebiges Kunstwerk verwandelt.

Das Delta versprüht einen spröden, herben Charme, und vielleicht bin ich inzwischen der Mensch dafür. Der Abstecher ins Ebrodelta hat sich auf jeden Fall gelohnt.

Abends rufe ich mal wieder zu Hause an. Meine Mutter hat einen Rückflug für den 18. Oktober reserviert, das ist in ungefähr vier Wochen. Vorfreude kommt auf, ein wenig Heimweh, und Melancholie. Das Ende meiner langen Reise kommt näher.

37. Tag, km 2747

Heute folge ich wieder der Küsten-Nationalstraße gen Süden. Inzwischen habe ich meine Technik verfeinert, den Rückenwind, den einem die überholenden Lkws mitgeben, auszunutzen. Ein LKW reicht, je nach Größe und Geschwindigkeit, für eine Beschleunigung um ungefähr fünf Stundenkilometer, was dann ca. zweihundert Meter lang anhält. Wenn einen genügend Lkws in ausreichender Frequenz überholen, kommt man sehr zügig voran, und gleichzeitig holt man sich eine Atemwegsvergiftung.

An solchen Tagen, wo es ausschließlich um das Strecke machen geht, wünsche ich mir einen Mitradler, denn alleine ist das ganz schön öde. Es geht vorbei an monotonen Betonklotzsiedlungen, an Villenvierteln und kilometerlangen Stränden, doch auch durch alte Städte mit einigermaßen Flair: In Benicarlò frühstücke ich unter hohen Palmen auf einem wunderschönen Siesta-Platz. Dort bastle ich dann auch mal wieder aus einem Supermarkt-Karton, Leukoplast und ziemlich viel Bindedraht ein Paket in die Heimat. Landkarten, 10 Filme und der erste Band meines Tagebuches dürfen vorzeitig die Heimreise antreten. Nachdem ich in der Schweiz bei der Regenfahrt am Furkapass das letzte Bayern-Fähnchen verloren habe, bleibt mir jetzt nur noch das „Auf-nach-Bayern"-Cap von Martin & Konsorten, und selbst das wäre mir gestern im Ebro-Delta fast abhanden gekommen. Als ich den schmerzhaften Verlust bemerkte, fuhr ich extra noch mal drei Kilometer zurück.

Von dem reizvoll auf einem Felsen, der weit ins Meer ragt, gelegenen Städtchen Peniscola blieb mir ansonsten nur in Erinnerung, dass es wahnsinnig von Touristen überlaufen war und ich schnell wieder das Weite suchte.

Schließlich ging es wieder durch die Pampa, über mehrere Wadis hinweg bis kurz vor Castellòn, wo für heute Schluss sein sollte.

38. Tag, km 2836

Ein total verrückter Tag... der mit ergiebigem Regen anfing. Die ganze Nacht hindurch hatte es geschüttet, Zelt und Packtaschen waren bis in zwanzig Zentimeter Höhe mit rotem Schlamm bespritzt. Am Vormittag hört der Regen auf und ich breche mein Lager ab. Standesgemäß verabschiedet sich die Mittelmeerküste von mir: Ich kämpfe mich vierzig Kilometer durch Industriegebiete aller Spielarten und an Betonklotz-Orgien vorbei. Seit einer Woche freue ich mich auf den Tag, an dem ich endlich die Küste verlassen und ins Landesinnere vorstoßen werde!

Meiner bisherigen Erfahrung nach sind die spanischen Autofahrer mir gegenüber erstaunlich fair und rücksichtsvoll. Der Respekt reicht sogar so weit, dass sie mich wie einen Traktor mit komplettem Spurwechsel überholen und, wenn das nicht geht, eine Weile hinter mir herzockeln. Brenzlig wird es nur manchmal mit den Mopeds. Ein aggressiver Vertreter dieser weit verbreiteten Art nahm mich heute auf die Hörner. Es geschah in einem Kreisel, an und für sich ja eine geniale Erfindung. Da ich links abbiegen wollte, fuhr ich auf der inneren Spur. Ein übermotivierter Mopedfahrer, der geradeaus weiterfahren wollte, schaffte es fast, mich zu überholen... Den Punkt, an dem sich unsere Wege kreuzen sollten, erreichte zuerst mein Lowrider und dann sein Vorderrad. Gekonnt streckte er mich nieder, gab Gas und war verschwunden. Glücklicherweise war ich nicht schnell, mir ist nichts passiert und meinem Fahrrad auch nicht.

Mit pathologisch erhöhtem Adrenalinspiegel fahre ich weiter nach Onda, wo ich die mir inzwischen erst recht verhasste Küstenebene hinter mir lasse. Dafür beginnt es zu regnen, was mich erst nach einigen Kilometern stört, denn es geht unaufhörlich den Berg hinauf. „Pass" nennt man so etwas, aber diese 600 Höhenmeter sind der Michelin-Karte nicht einmal einen Steigungspfeil oder einen ähnlichen kleinen Tipp wert.

Zwischenzeitlich steigert sich der Regen zu wahren Sturzbächen, ich bin mitten in die schwarzen Wolken, die ich den Vormittag über interessiert beobachtet habe, hineingefahren. Mir ist schweinekalt.

Nach zwei, drei Kurven der Abfahrt hört der Regen glücklicherweise auf, und ganz vereinzelt schaut sogar die Sonne heraus. Erschöpft komme ich in Segorbe an, wo es angeblich einen Campingplatz gibt. Im miserabel ausgeschilderten Straßengewirr finde ich mich nicht zurecht und verfahre mich mehrmals, was um so ärgerlicher ist, weil es steil bergauf und -ab geht, und erreiche kurz vor Einbruch der Dunkelheit den Campingplatz... ätsch! Geschlossen.

Der Besitzer, der gerade irgendwas herumwerkelt, nennt mir einen sicher geöffneten Campingplatz, doch der ist eine halbe Stunde weg und außerdem in der falschen Richtung. Sehr sehr ärgerlich, es wird finster und ich stehe da, vollständig abgekämpft von der heutigen Etappe. Großer Unmut kommt auf, und wenn mich in diesem Augenblick Scotty gefragt hätte, ob er mich nach Hause beamen solle, hätte ich zum ersten Mal auf dieser Reise ohne zu zögern begeistert zugestimmt!

Diesem moralischen Tiefpunkt folgt der angestrengte Blick auf die Landkarte, der ergibt, dass es in Altura, das nicht weit entfernt und auf dem weiteren Weg liegt, ebenfalls einen Campingplatz geben müsste.

Also frage ich mich durch. Die Rezeption des „camping municipal" ist zwar mehr als verwaist, aber die Sanitäranlagen beleuchtet. Wild entschlossen stelle ich im Halbdunkel mein Zelt auf. Irgendwann fährt ein junger Dorfpolizist vor und macht es sich in der Rezeption gemütlich. Ich zahle und wir verständigen uns mit Händen und Füßen. Netter Kerl!

Später, als ich gerade mit dem Kochen beginnen wollte, kommt er aus seinem Häuschen und erklärt mir wild gestikulierend, dass in einer halben Stunde Stierkampf in Altura ist. Fiesta! Wow, auf anfängliches Zögern folgt die Erkenntnis, dass das vielleicht eine einmalige Chance ist.

Todmüde lasse ich mein gesamtes Kochzeug stehen und mache mich noch einmal auf ins Zentrum des kleinen Bergdorfes. Wieder einmal irre ich durch die Gassen, doch diesmal muss ich nur den vielen Leuten folgen, die noch unterwegs sind. Gelöste Atmosphäre in einer lauen, mittlerweile fast sternklaren Herbstnacht. Irgendwann stoße ich auf eine Gasse, die durch ein containergroßes Tiergehege verbarrikadiert ist. Kinder sind an der übermannshohen Stahlwand hochgeklettert, schauen begeistert über den Rand und ärgern die darin befindlichen vier schwarzen Kampfstiere... eine leichte Gänsehaut kriecht über meinen Körper.

Ich fahre einmal um den Block. Plötzlich stehe ich vor einer improvisierten Arena, die ihresgleichen sucht: Ein mittelgroßer Dorfplatz ist zur Stierkampf-Arena umfunktioniert worden! Unglaublich. In ungefähr zwei Meter Abstand zu den Cafés und Läden sind massive Eisenstangen senkrecht im Abstand von ungefähr vierzig Zentimetern in den Lehmboden gerammt. Darüber ist eine Tribüne aus Holzbrettern gebastelt, bei deren Anblick jeder TÜV-Ingenieur sofort die Flucht ergreifen würde. Zu den vier engen Sitzreihen in luftiger Höhe gelangt man nur über Leitern.

In der Mitte des Platzes stehen der (leere) Brunnen, ein großes Holzpodest und ein Pfahl. Der Boden ist mit lehmigem Grund bedeckt. Darüber schwingen sich Lichterketten in den Nachthimmel und verbreiten ein heimeliges, warmes Licht und Zirkuszelt-Atmosphäre.

Ich sperre mein Fahrrad direkt neben dem bereitstehenden Notarztwagen ab und schaue mich um. Es ist viertel vor zehn, bald sollte es losgehen. Langsam füllen sich die Ränge – außer bei der Siesta nimmt man es hier mit den Uhrzeiten nicht so genau. Neugierig klettere ich auf die Empore. Nach einer Weile spricht mich ein sympathischer Kameramann einer lokalen Fernsehstation an. Wir unterhalten uns mit Händen und Füßen, ich erzähle wo ich herkomme und er ist schwer beeindruckt. Als es langsam voller wird, bemerke ich, dass der Eintritt wohl doch nicht umsonst ist, denn die Leute haben rote Platzkarten und die Bank-Plätze sind nummeriert. Der Kameramann bemerkt meine fragenden Blicke, erzählt mir, dass man die Tickets um ein Uhr auf dem Platz hätte kaufen müssen, und lässt mich zwischen sich und seine Kollegen auf die Presse-Bank. Wieder einmal habe ich unverschämtes Glück gehabt!

Die Stimmung steigt, sogar der Platz selbst ist voll mit sich rege unterhaltenden Grüppchen, und auf den Rängen geht es heiß her. Meiner Schätzung nach dürften es gut tausend Menschen sein. Ich bin der einzige wirklich Fremde, doch das stört hier niemanden.

So gegen elf ist es dann so weit, das Spektakel beginnt. Es kracht an der schweren Eisentür zu den „toros“, und der erste junge Kampfstier wird hereingelassen. Ich kann es kaum fassen, denn der Platz ist noch halb voller Leute. Doch das gehört zum Spektakel: Erst im allerletzten Augenblick, wenn der Stier heranstürmt, springt man zwischen den Eisenstangen hindurch in Sicherheit. Viele Kinder und Halbwüchsige wollen sich beweisen, ärgern den Stier mit Knallern, laufen ihm vor der Nase herum oder halten ihm bunte Pullover hin... Der junge Stier rennt im

Kreis, und die Menschen weichen vor ihm zurück. Einer Welle gleich huschen sie durch die Stangen.

Der Brunnen und das Podest in der Mitte sind gerammelt voll mit mutigen Jugendlichen, die federführend beim Ärgern des Stieres sind. Wenn das wütende Tier einem Dorf-Jüngling wieder mal besonders nahe gekommen ist, brandet die Stimmung in der „Arena" auf und die Lautstärke steigt beträchtlich – die Menge kocht! Einen Jungen nimmt der „toro" fast auf die Hörner, doch wie durch ein Wunder ist ihm außer einer Dreckspur auf seinem weißen Pullover nichts passiert. Dafür ist er der Held des Abends.

Manchmal rennt der Stier wütend gegen die Eisenstangen an, und die ganze Tribüne wackelt. Einige Stangen werden übel deformiert, doch reicht es nicht ganz für die Freiheit.

Ich frage den Kameramann, wann denn der Torero komme, worauf er gestenreich antwortet: „todos toreros" – wir sind alle Toreros! Diese Stierkampfvariante hat nicht viel damit zu tun, was man im Ausland über spanische Stierkämpfe weiß. Hier wird kein Tier getötet oder verletzt, man ärgert den Stier ein bisschen, hat seinen Spaß daran, und am Schluss darf er wieder auf seine Weide.

Nach ungefähr einer Viertelstunde wird der Stier erlöst. Eine große Kuh mit noch größerer Glocke wird hereingetrieben. Allein ihre Anwesenheit beruhigt den aufgeregten Kampfstier sofort: Ohne zu zögern folgt er ihr zurück in die Box, erlöst, handzahm und nicht wiederzuerkennen.

Danach folgt eine Pause, in der man kräftig kommuniziert. Innerhalb kürzester Zeit füllt sich der Platz wieder mit Menschen. Kinder werden die Tribünen hoch- und heruntergereicht, dann kommt der nächste Stier herein. Das Spektakel wiederholt sich drei mal, bis die nächste Stufe folgt in diesem wie es scheint uralten Ritual: Der Stier bekommt brennende Hörner!

Ein sehr langes und mächtiges Seil wird angeschleppt. An das eine Ende des Seiles ist der Stier, der sich noch im Käfig befindet, mit seinen Hörnern gebunden. Das andere Ende wird durch das Loch im Pfahl am Rande des Platzes gefädelt. Mehrere Dutzend Männer stehen bereit, wenn der Stier wutentbrannt in die Arena entlassen wird, und ziehen schlagartig mit aller Kraft am Seil. Zunächst wogt der Kampf hin und her, mal gewinnt der Stier die Oberhand, mal die schwitzenden und keuchenden Männer.

Ist der sich tapfer wehrende Stier schließlich mit seinem Kopf am Pfahl angelangt, wird das Seil verknotet. An jedes Horn wird ein Metallgestell geschraubt, das einen Petroleumlappen trägt. Ein Auserwählter darf die beiden Fackeln entzünden, während ihn ein nicht ganz so Auserwählter am Schwanz festhalten muss. Schließlich wird das Seil mit einem Beil durchgeschlagen, und der Stier ist wieder frei.

Ein mystisches Spektakel ohne Gleichen, das selbe Spiel beginnt von vorne, doch sieht der toro jetzt bedeutend imposanter aus. Von mir bis dato unbemerkt, wurden die Gitter zu einer Gasse hin geöffnet, so dass der Stier ins Dorf hinaus kann. Dreimal ist ihm das erlaubt, und jedes mal wird er wieder zurückgetrieben – mehr oder weniger schnell. Die so entstandene Pause wird vom Publikum natürlich dazu genutzt, seelenruhig den Platz zu füllen und zu debattieren. Plötzlich stürmt der toro wieder herein, und alle hechten hinter die Gitterstäbe... das hat Volksfestcharakter! Man kämpft nicht mit dem Stier, man spielt mit ihm.

Sobald die beiden Fackeln erloschen sind, wird der Stier mit der Schlüsselreiz-Mutterkuh erlöst und darf in den Käfig zurück. Weil es so lustig war, gibt es gleich noch einen zweiten „brennenden“ Stier. Irgendwann, es ist schon weit nach Mitternacht, haben dann die meisten genug gesehen und die Ränge leeren sich allmählich. Schließlich verlasse auch ich diese Kultstätte, schweren Herzens und mit emotionalen Eindrücken, die ich nie vergessen werde.

Hundemüde, ich bin heute ja auch noch neunzig Kilometer und einen Pass geradelt, koche ich mir um halb drei Uhr in der Früh noch ein halbes Pfund Nudeln. Welch absurder Tag!

39. Tag, km 2915

Vom gestrigen Tag noch gänzlich geplättet, wage ich mich erst sehr spät aus dem Zelt. Gegen Mittag komme ich los, nachdem ich die Kultstätte des Vortages noch mal bei Tageslicht besichtigt habe. Die Fiesta in Altura dauert wohl noch eine Weile. Die Straßen sind mit Fahnen geschmückt, und viele Einwohner feierlich gekleidet.

Die Michelin-Karten sind zwar so ziemlich die besten, die man von Spanien bekommen kann, aber trotzdem sind sie sehr lückenhaft und unvollständig. Besonders deutlich wurde mir das heute wieder, als es einen anstrengenden Pass (951 m) hinaufging, der in der Karte nicht einmal angedeutet ist.

Nachdem ich gestern die Küste verlassen habe, fällt es leichter, Nebenstraßen zu finden. Größtenteils fahre ich auf kleinen, ruhigen, kurvenreichen Strässchen. Die Sierras fordern ihren Tribut, fast ständig geht es auf und ab. Ich komme kaum voran und bin trotzdem abends völlig erschöpft.

40. Tag, km 3024

Gleich nach dem Frühstück gibt es zum Aufwachen einen kräftigen Anstieg nach Requena. Ist dieses Provinzstädtchen an sich nicht besonders bemerkenswert, so besitzt es jedoch einen Supermarkt der Kette LIDL.

Hier bunkere ich eineinhalb Kilogramm original deutsches Schwarzbrot, eingeschweißt und in Scheiben geschnitten. Erst darauf schmeckt mir der Honig in der Früh wieder so richtig gut. Nach sechs Wochen kommt mir dieses ewige Weißbrot schon langsam bei den Ohren heraus – die Franzosen wissen ja immerhin, wie man ordentliches baguette macht, aber hier in Spanien gibt es nur noch Ungenießbares.

Auf teilweise kilometerlang schnurgeraden Nationalstraßen fahre ich bergauf und -ab durch die absolute Pampas. Beim Straßenbau verfährt man hier wohl nach der Devise „lieber Gas geben, aber bitte bloooß keine Kurven!“, was dazu führt dass man sich kaum einen herumstehenden Hügel entgehen ließ.

Mit einem letzten Anstieg nach Villatoya erreiche ich dann eine riesige Hochebene, die sich bis über Albacete hinaus erstreckt. Hier ist fahrradfahren einfach, ich komme sehr gut voran. Links und rechts ziehen stundenlang Weinfelder, Olivenhaine und abgeerntete, braune Felder vorbei. Es ist gerade Weinernte, was man hier noch mit der Hand und im Familienverbund erledigt. Eine gesellige Angelegenheit, Jung und Alt hocken in den Weingärten und füllen riesige Eimer mit den dunklen Weintrauben. Ist eine Traktorladung voll, liefert sie der Chef (hier immer noch der Familienvater!) bei der örtlichen Winzergenossenschaft ab, die meist sehr feudale Anlagen unterhält. Das Tuckern der langsamen Traktoren und das freundliche, teils sehr lautstarke und überschwängliche Grüßen der erntenden Jugendlichen begleitet mich den halben Tag! Dass dies eine von Touristen unentdeckte Gegend ist, merke ich auch daran, dass man mich hier mustert wie einen Außerirdischen, wenn ich die kleinen Dörfer passiere.

Kurz nach Casas Ibanoz überfahre ich die 3000-Kilometer-Marke. Dass diese Entfernung nicht spurlos an mir vorübergegangen ist, merke ich nicht nur an meiner inzwischen recht ordentlichen Kondition, sondern auch an den ersten Auflösungserscheinungen: Schon seit einigen Tagen ist mein linker Ringfinger merkwürdig taub. Vermutlich ein Nervenschaden durch die Überlastung, der nach der Tour von alleine wieder verschwindet. Momentan kann ich nicht mehr tun, als öfters mit den Radhandschuhen zu fahren, und die Lenkerposition zu ändern. Außerdem zwickt mich seit neuestem eine Sehne im linken Knie, was auf Dauer unangenehm werden könnte.

Da ich mich gerade auf einer längeren Campingplatz-Durststrecke befinde, muss ich heute schon wieder wild zelten. Diesmal suche ich mir eine schlecht einsehbare aufgelassene Kurve der Nationalstraße aus, die man bei deren Begradigung einfach stehen ließ.

41. Tag, km 3139

Starke Regenschauer in der Nacht und am Morgen verzögern meinen Aufbruch. Mittlerweile sind die Tage ohnehin recht kurz geworden: Sonnenaufgang um acht, Sonnenuntergang um acht...

Nachdem das Fahren in der Ebene gestern so erholsam war, pfeift mir heute ein brutaler Gegenwind ungebremst ins Gesicht. Er kommt genau von vorne und erreicht mindestens Carcassonne-Niveau, was diese Etappe zur Quälerei macht. Es gibt nichts demoralisierenderes als gegen den Wind zu kämpfen. So oft es geht fahre ich in gebückter Haltung und liege halb auf dem Lenker. Ganz nebenbei geht es heute auch noch einen Pass hoch. Bestimmend für die Wahl des Ganges ist jedoch nicht die Steigung, sondern alleine die Windstärke. Teilweise schaffe ich selbst mit größter Anstrengung nur eine Geschwindigkeit von 12 Stundenkilometern in der Ebene.

Albacete entpuppt sich als charakterlose Großstadt, der ich nach dem obligatorischen Supermarktbesuch sofort den Rücken zukehre. Die nun folgenden 25 Kilometer, ungelogen schnurgerade und exakt gegen den Wind, sind die härtesten der bisherigen Tour... der totale Wahnsinn. Ein wenig besser wird es dann in den sanften Hügelketten der Sierra, aber trotzdem war dies mit über sieben Stunden Fahrzeit nicht nur die längste, sondern auch die bei weitem anstrengendste Etappe.

Was mich den ganzen Tag motivierte, war die Aussicht auf einen Campingplatz und eine warme Dusche. Nach den Nächten in der Pampas nahm ich schon allmählich den charakteristischen Outdoor-Geruch an...

Herbst in der Sierra. Der Wind fetzt Haufenwolken über die kahlen, abgeernteten Felder und Hügel. Die sich so ergebenden Licht- und Schatten-Effekte faszinieren mich. Wenn mir der Gegenwind schon die anstrengendste Etappe beschert, so bleibt mir wenigstens, die spektakulären Bilder von diesem Wolkentreiben zu genießen!

Zum adäquaten Tagesabschluss erleide ich bei einem saftigen Anstieg von zweihundert Höhenmetern zum Campingplatz das, was die Radprofis einen „Hungerast" nennen: Der Ofen ist aus, nichts geht mehr, mit allerletzter Kraft erreiche ich nach Einbruch der Dunkelheit die warme Dusche. Morgen brauche ich dringend einen Ruhetag.

42. Tag, km 3143

Meine Beine sind ausgelaugt, mein linkes Knie zwickt, ich bin saumüde und der letzte Ruhetag ist auch schon wieder ein paar Wochen her. So lege ich am Tag der Bundestagswahlen (Kohl vs. Schröder) die Beine hoch. Ich wasche das stinkige Handtuch und überfällige Kleidungsstücke wie Trikot und Radhose. Wie ich erst jetzt bemerke, löst sich der Stoff am Hintern auf, wo schon einige Löcher klaffen. Auch das Zelt, in dem es nach vier verregneten Nächten schon wie im Aquarium roch, kann mal wieder vollständig trocknen.

Dieser Tag war ohnehin nötig zur Planung der restlichen drei Wochen. Ich wälze den Andalusien-Führer und meine Landkarten und stelle fest, dass ich optimal in der Zeit liege und mir sogar noch in den nächsten Tagen den „Parque National Sierra de Cazorla“ genauer anschauen kann. Ansonsten esse ich meine Futterpacktasche leer und liege im Zelt herum (es ist kühl und gut bewölkt). Zwischendurch versuche ich, der gestern erstandenen „El Mundo“ die neuesten Weltnachrichten zu entlocken. Intuitiv verstehe ich ungefähr ein Drittel, was für einen groben Überblick aber durchaus ausreicht.

Abends breche ich in der Dämmerung auf nach Penascosa, um eine Telefonzelle aufzusuchen. Ohne das Ergebnis der Bundestagswahl zu kennen, könnte ich heute nicht einschlafen. Erwartungsfroh rufe ich zu Hause an, und tatsächlich: Der Dicke ist weg! Die SPD liegt sechs Prozentpunkte vor der CDU/CSU-Fraktion. Auf meine Briefwahlstimme aus der Provence kam es da nicht mehr an.

Zurück auf dem Campingplatz krame ich aus den Untiefen meiner Futterpacktasche einen unspezifisch eingepackten Travel-Drink. „La Bumba, Cocktail-Trockenmischung" ergibt mit einer Tasse Wasser ein 4,8-prozentiges, leicht alkoholisches Gebräu. Dazu gibt es noch einen halben Schoko-Kuchen, und so feiere auch ich das Ende der Ära Kohl in würdiger Manier.

1.6 Andalusien

43. Tag, km 3251

Die gute Nachricht zuerst: Im Laufe des Tages ist der Gegenwind vollständig eingeschlafen. Und nun die schlechte: Die letzten 70 Kilometer fuhr ich durch nasskalten Regen.

Durchaus kein angenehmer Tag heute. Der leichte Nieselregen, der als „irisch" durchgehen würde, steigert sich im weiteren Verlauf zu ausgewachsenen Schauern. Andalusien bereitet mir einen alles andere als freundlichen Empfang. Manchmal sehe ich aus den Regenschwaden Berghänge auftauchen, bedeckt von in langen Reihen gezogenen Olivenbäumen. Sieht aus als hätte jemand den Hang gekämmt...

Ansonsten stampfe ich monoton durch den Regen, nach und nach vollständig durchnässt. Verdammt noch mal, ich bin doch in Südspanien, im Land der Sonne!!

Aber jammern hilft bekanntlich nichts, und so pflüge ich durch den Regen, Stunde um Stunde. Langsam laufen die Schuhe voll Wasser und meine Füße werden kalt – da hilft nur eins: In Bewegung bleiben, heute gibt es keine Pausen.

Gegen abend begebe ich mich auf Campingplatzsuche, und in Cortijos Nuevos sehe ich ein großes Hinweisschild: „Abierto". Also nichts wie hin, die zweihundert Höhenmeter hinauf nach Roblers schaffe ich auch noch. Um so größer ist dann aber die Enttäuschung, als ich oben ankomme. Offensichtlich hat das „abierto"-Schild nichts mit den Öffnungszeiten zu tun, sondern dient nur der unspezifischen ganzjährigen Anlockung von Touristen. Alles verrammelt, Saison beendet. Na super.

Ich stehe im strömenden Regen und frage eine Gruppe Männer am Straßenrand nach einem geöffneten Campingplatz, worauf mir auf der Karte wort- und gestenreich ein Campingplatz bei Tranco gezeigt wird. Mit Einbruch der Dämmerung bin ich dort, und natürlich bietet sich hier das selbe Schauspiel: „Abierto"-Schild an der Straße, und in Wirklichkeit ist schon alles dicht.

Ratlos stehe ich im strömenden Regen, der mir inzwischen egal ist, vor dem verschlossenen Tor herum, als zwei einheimische Autos angefahren kommen. Darunter offenbar die Campingplatzbesitzerin, die mein Ersuchen nach einer Ausnahme gnadenlos abweist. Merde! Und es schüttet weiter.

Zum nächsten angeblich geöffneten Campingplatz sind es noch 20 Kilometer, ein Ding der Unmöglichkeit, denn mittlerweile ist es stockfinster. Notgedrungen suche ich mir mal wieder einen „camping libre", und schnell werde ich fündig: Ein idyllisches Plätzchen am Ufer des Embalse del Tranco, einem verträumten Stausee inmitten des Naturparks.

Die seltene Gelegenheit der vollständig durchweichten Finger- und Zehennägel nütze ich zunächst zu einer Kürzung derselben, bevor ich meine Radlschuhe mit der El Mundo ausstopfe. Spätestens als der Benzinkocher im Vorzelt-Anbau bullert, wird es doch noch ein gemütlicher Abend.

44. Tag, km 3322

In der Früh quält mich eine lang anhaltende Entscheidungsschwäche. Das Wetter ist mäßig, ich habe genug Futter für einen Ruhetag dabei, und bekanntlich kann man schlechtes Wetter ja auch aussitzen. Aber in der Nacht hat der Regen aufgehört, es ist bedeckt und die umliegenden Sierras stecken ihre Häupter in die dunkle Wolkendecke.

Wenig später sitze ich doch wieder im Sattel. Ich befinde mich schon seit gestern im „Parco naturel de las Sierras de Cazorla y las Villas", doch blieben mir die Naturschönheiten bisher komplett verborgen. Erst heute sehe ich, wie grün es hier ist. Angesichts der dicht bewaldeten Hügel glaubt man kaum, in Südspanien zu sein!

Ich fahre den Oberlauf des Flusses Guadalquivir aufwärts, wo er zum Embalse del Tranco aufgestaut wurde, und dringe schließlich bis in sein Quellgebiet vor. Skeptisch beobachte ich, wie die Gipfel von dunklen Wolken umwabert werden, denn ich muss heute noch hoch hinaus: Der Puerto de las Palomas wird mein dreiundzwanzigster Pass sein.

Der Herbst kommt in die Sierra. Vereinzelt haben sich schon Bäume gelb gefärbt. Ich fahre mitten in die Wolken hinein, doch zu meiner Erleichterung regnet es dort nicht. Es ist „nur“ extrem neblig mit Sichtweiten unter zehn Metern. Hier kommen mir zwei spanische Radreisende entgegen. Solche Artgenossen habe ich zum letzten mal in der Provence getroffen!

Als mich die Nebelwand auf der anderen Seite des Passes wieder ausspuckt, bietet sich mir ein absurder Anblick: Hügelkette an Hügelkette bis zum Horizont, und alle sind olivgrün gepunktet. Soweit das Auge reicht, sehe ich geometrisch wertvoll angelegte Olivenhaine!

In Cazorla erstehe ich endlich mal wieder eine Zeitung (Zitat El Mundo: „Nur Bismarck hat in Deutschland länger regiert als Helmut Kohl!"), und der örtliche Campingplatz ist wunderschön. Feigenbäume bieten mir eine köstliche Vorspeise. Jo, der Platzwart, meint zum Wetter: „Ihr denkt immer alle, in Spanien scheint permanent die Sonne, aber dabei haben wir auch Herbst und Winter... und das war jetzt der erste Regen seit drei Monaten!" Da habe ich ja wieder mal einen Volltreffer gelandet.

45. Tag, km 3374

Natürlich hat es auch in dieser Nacht wieder ordentlich geregnet, und es dauert lange bis ich aus dem Zelt krieche. Doch das Wetter wird zusehends besser, so dass ich die verlockende Idee eines Ruhetages auf diesem sympathischen Campingplatz schnell wieder verwerfe. Jo, ein holländischer „Aussteiger", hat mit seiner Frau das Gelände hier liebevoll kultiviert und am Fuß der Berge inmitten der Olivenplantagen eine Oase geschaffen: Es grünt in tropischer Üppigkeit, Feigenbäume locken mit ihren köstlichen reifen Früchten, und außerdem gibt es noch Zwetschgen-, Walnuss- und Mandelbäume... wenn es mich das nächste Mal nach Andalusien verschlägt, muss ich diesen Platz unbedingt wieder besuchen.

Inmitten der durchdringend duftenden Feigenbäume unterhalte ich mich noch mit Jo, der sehr gut Deutsch spricht. Er ist früher auch viel alleine herumgereist, ein halbes Jahr durch Europa, und hat sich hier eine vielleicht beneidenswerte Existenz aufgebaut. Er hat drei Kinder, und mit stolzgeschwellter Brust erzählt er mir, dass sein elfjähriger Sohn in den letzten Ferien alleine vier Wochen durch Holland getrampt ist. Scheinbar liegt das im Blut! Wir ernten noch gemeinsam Feigen, Zwetschgen und Walnüsse als Wegzehrung für mich, und schließlich reiße ich mich los aus dieser Idylle.

Die Fahrt geht bei inzwischen wirklich gutem Wetter weiter durch die Olivenhaine, oder besser: Olivenplantagen. Gekämmte Hänge so weit das Auge reicht. Graphisch sicher reizvoll, aber nicht tagelang.

Trotzdem war diese Etappe eine radlspaßmäßige Wiedergeburt, denn in der letzten Woche haben mir Gegenwind und Regen das Fahrradfahren zur monotonen Arbeit gemacht. Fünf Kilometer vor Úbeda ereilt mich dann seit langem mal wieder eine Panne. Der neue hintere Michelin-Reifen hat einen Riss in der Flanke, aber ich weiß nicht, ob das die Ursache für den Platten war. Hoffentlich hält er noch die zweieinhalb Wochen durch.

In Úbeda finde ich erstaunlich schnell die Post, um mein heiß ersehntes Care-Paket abzuholen, doch das hilft mir gar nichts. Nachmittags ist hier geschlossen, aber ich wollte ja sowieso in der Nähe zelten: In Úbeda ist Feria!

Als ich auf der Plaza de Andalucia brotzeite, sehe ich, wie sich an einer Kreuzung nach und nach eine Musikkapelle einfindet, darunter auch sehr viele junge Leute. Ein bunter Haufen, herausgeputzt in feiner Uniform. Um Punkt fünf Uhr beginnen sie zu spielen und marschieren durch

die Gassen Úbedas. Ich natürlich hinterher, klar dass mich interessiert, wo die sich hinbewegen! Das muss ein lustiges Bild gewesen sein: Eine Musikkapelle wird verfolgt von einem vollbärtigen Reiseradler...

Irgendwann gelangen wir zur örtlichen Stierkampfarena. Ein riesengroßer Menschenauflauf vor den Kassen, in den Gassen eine Wagenburg der Stierkämpfer, die wie ein Wanderzirkus über das Land ziehen. Geschniegelte Pferde, staunende Kinder, und dazwischen sieht man ein paar in Schale geworfene Toreros...

Ich überlege, ob ich mir dieses Spektakel geben soll. Im Unterschied zu Altura wird kein Stier diese Arena lebendig verlassen. Mulmig ist mir schon, aber ich bin zu neugierig und will wissen, ob ich auch hier von der jubelnden Menschenmenge mitgerissen werde. Ich sperre meinen Drahtesel vor der Arena ab und reihe mich in die Warteschlangen ein.

Es gibt zwei Kassen: Eine für Schattenplätze („sombra“) und eine für Sonnenplätze („sol“). Zweitere ist erheblich länger, da Sonnenplätze nur die Hälfte kosten. Ich erstehe das billigste Ticket und finde mich wenig später im zu zwei Dritteln gefüllten Rund der Arena wieder.

Dort ist schon ein breit gefächertes Publikum versammelt: Von alten Frauen und Männern über Familien, junge Pärchen und Geschäftsleute ist wirklich alles dabei. Gespannte Erwartung liegt in der Luft, keine ausgelassene Heiterkeit wie in Altura.

Das Schauspiel beginnt mit dem pompösen Einzug aller Beteiligten in die Arena. Die Kapelle spielt ihren Marsch in Moll (ich glaube die können nichts anderes... jedenfalls spielten sie immer dasselbe), und die Toreros und die berittenen Matadore drehen ihre Ehrenrunden. Den Ab-

schluss bilden die Helfer, die mit zwei kräftigen Ochsen die toten Stiere aus der Arena schleifen werden.

Das Formulieren dieser Zeilen fällt mir schwer, denn das Ganze hat mir überhaupt nicht gefallen. Stark befremdet verließ ich vorzeitig die Arena. Ich wurde zu allem Überfluss nämlich auch noch Zeuge einer sehr ursprünglichen Variante des Stierkampfes, bei der der Stier vom Pferd aus mit einer mächtigen Lanze abgestochen wird. So primitiv es klingt, so primitiv ist es auch. Um das zu vertuschen, verpackt man das ganze in eine kunstvolle Choreographie.

Zunächst tanzen die vier Matadores mit ihren edlen Rössern Figuren in den Sand, um sich dem Publikum zu präsentieren. Dann darf der erste Matador alleine ran, und die Spannung steigt. Mit einem Knall öffnet sich das Stiertor und ein kohlrabenschwarzes Prachtexemplar von toro stürmt herein. Das arme Vieh bekommt zur Begrüßung erst mal ein paar „banderillas“, mit Widerhaken versehene Spieße, in den Nackenmuskel gejagt. Dunkelrotes Blut quillt ihm über die Schultern.

Der Stier ist aufgebracht und wütend. Diese Gelegenheit nutzt der Matador, um ihn zu demütigen. Er lässt ihn hinter seinem Pferd in der Arena im Kreis laufen, möglichst auf Tuchfühlung, und wenn es ihm dann auch noch gelingt, ihm seinen Hut über den Schädel zu halten, bricht das Publikum vollends in Begeisterungsstürme aus. Zwischendurch wird der Stier von Toreros mit den berühmten roten Tüchern, den „capas“, abgelenkt oder beschäftigt, um beispielsweise Speere oder Hüte einsammeln zu können.

Nachdem der Stier dann etwa eine Minute bedröppelt in der Arena herumstehen darf, bekommt der Matador eine spezielle Lanze für den Todesstoß gereicht. Wenn er Glück hat, trifft er gleich beim ersten Versuch in die Hauptschlagader, und der Stier verblutet innerhalb weniger Sekunden. Einer der Matadores bringt es jedoch wieder und wieder nicht fertig, vernünftig zu treffen, worauf es dann vom Publikum Buh-Rufe hagelt. Irgendwann kollabiert der Stier und sackt zusammen zu einem Häuflein Elend im heißen Sand. Blut strömt aus seinem Maul. Von einem Helfer bekommt er den Gnadenstoß versetzt, und der Matador rühmt sich seiner mutigen Taten. Die jubelnde Menschenmenge erhebt sich, applaudiert frenetisch und winkt bei der Ehrenrunde mit weißen Taschentüchern...

Ein Matador, der das Publikum besonders gut unterhalten hat, bekommt vom Presidente zwei Ohren des Stieres als Anerkennung und Auszeichnung verliehen. Ein Helfer schneidet die Ohren ab, und der Matador wirft sie ins Publikum. Dieses reckt und balgt sich um die Prämie, als wären es Bonbons beim Faschingsumzug... sehr befremdlich!

Ein alter Mann, der neben mir sitzt, erklärt mir den Sachverhalt mit den Ohren, wobei er richtig leuchtende Augen bekommt. Offenbar legt man hier beim Stierkampf nur Wert auf den Auftritt, die Grazie und den Anmut des Matadors, während man den toro vollständig vergisst. Anders ist die kollektive Begeisterung nicht zu erklären.

Nach dem vierten Stier (es sollten heute insgesamt sechs dran glauben) verließ ich die Arena, suchte noch etwas benommen einen Supermarkt auf und schließlich einen geeigneten Platz zum wild Zelten.

Dabei gibt es eigentlich nur drei Kriterien: Er sollte von der Straße aus nicht einsehbar sein, einigermaßen eben und nicht matschig sein. In einem Ölberg finde ich eine günstige Stelle, sogar mit schöner Aussicht, und lasse den Tag bei einem halben Pfund Nudeln ausklingen.

46. Tag, km 3391

In der Früh, ich liege noch im Schlafsack, erstmal ein gehöriger Schreck: Direkt neben meinem Zelt rattert ein Wagen vorbei, mitten durch den Ölberg. Doch der Platz war wohl so geschickt gewählt, dass ich vom Bauern nicht entdeckt wurde, und außerdem hat mein Zelt die ideale Ölberg-Tarnfarbe!

Überstürzt mache ich mich vom Acker und eile zur Post. Doch der Schalterbeamte enttäuscht mich schwer: „Nada" – Nichts da. Merde! Mit Granada wird es wohl nichts mehr heute, ich vertrödele die Zeit mit El-Mundo-lesen (hier werden die Grünen „èco-pacifistas" genannt und sehr misstrauisch beäugt), Tagebuch schreiben und der Lektüre des Andalusien-Führers. Den halben Tag halte ich mich an einem Panorama-Aussichtsplatz auf, der mir den Blick weit über die Ölhänge bis zurück zur Sierra de Cazorla und viele weitere Sierras öffnet – eigentlich wunderschön, aber ich kann den erzwungenen Aufenthalt in Úbeda nicht so recht genießen.

Um zwei Uhr, kurz vor der Schließung, wage ich noch einen Versuch bei der Post, aber wieder heißt es „nada". „Manana", morgen solle ich es noch mal versuchen. Hoffentlich bleibe ich hier nicht allzu lange hängen, denn es gibt hier keinen Campingplatz, und ohne Dusche hält man es nicht unbegrenzt lange aus!

So komme ich wenigstens in den weiteren Genuss der Fiesta San Miguel. Oft sieht man Mädchen und Frauen in farbenprächtigen vierstöckigen Kleidern herumstolzieren, begleitet von festlich gekleideten, aber weniger auffälligen Partnern. Ich entdecke einen großen Platz im neuen Teil der Stadt, wo es oktoberfestmäßig zugeht: Riesenrad, Geisterbahn, Verkaufsstände mit Süßigkeiten, Lederwaren, Spielzeug... Es gibt eine Schinkenlotterie, und natürlich Bier- und Weinzelte mit reichlichem kulinarischen Angebot.

47. Tag, km 3420

Und ewig grüßt das Murmeltier... Mein Tagesablauf in Lauerstellung gerät langsam zum immer gleichen Ritual, das mir bereits jetzt auf die Nerven geht. In der Morgendämmerung stehle ich mich lautlos aus dem Ölberg und fahre hoffnungsvoll die zwei Kilometer bis zur Post. Die hat soeben aufgemacht, und inzwischen genügt dem Schalterbeamten mein Anblick, um aufzuspringen und in irgendwelchen Kämmerchen nach meinem Päckchen zu suchen. Ich muss weder mein Sprüchlein aufsagen („Tiene usted una paquete para Bernhard Gehr?“), noch den Pass vorzeigen. Man kennt mich inzwischen. Nach einigem Rumoren kommt der Schalterbeamte mit betretener Miene zurück, „nada“, und ich schleiche enttäuscht bis erbost auf die spanische Schneckenpost aus den heiligen Hallen. Es dauert noch bis kurz nach neun, bis der Zeitungskiosk öffnet, und der junge Verkäufer drückt mir fast schon ungefragt meine Zeitung in die Hand. Die 125 Pesetas habe ich schon in der Hand. Weiter geht's

rituell zum Supermarkt, zwischendurch entledige ich mich noch der Abfälle vom Vorabend in meiner Stamm-Mülltonne. Im „Cobreros“-Supermarkt weiß ich schon genau, wo meine Sachen stehen, es fehlt nur noch, dass mich die Kassiererin nach meinem Vornamen fragt. Schließlich begebe ich mich durch die verwinkelten Gassen der Altstadt, in denen ich mich inzwischen fast so gut auskenne wie in meiner Lenkertasche, zu meiner Bank am Panoramaplatz. Ich sitze in der Morgensonne, und die Kälte weicht aus meinen Gliedern. Die Aussicht kenne ich schon auswendig, gestern waren die Wolken schöner. Um zwei Uhr statte ich der Post meinen zweiten rituellen Besuch ab. „Nada“, eh klar!

Damit mir nicht in Úbeda der Himmel auf den Kopf fällt, besuche ich heute das viel gepriesene Baeza, das nur 10 Kilometer entfernt liegt. Baeza ist ebenfalls eine Stadt voller Renaissancebauten, und es hat sich ebenfalls auf einem Hügel ausgebreitet. Unterwegs handle ich mir noch einen wirklich kapitalen Seitenschlag im Hinterrad ein, als mich ein tiefer Riss im Asphalt quer über die ganze Straße überrascht... Mit viel Geduld kann ich ihn so „zentrieren", dass die Felge zumindest nicht mehr an den Bremsbacken schleift. Es wird spannend, wann die erste Speiche bricht, denn die sind jetzt sehr ungleichmäßig gespannt.

Baeza konnte mich dann aber nicht so wirklich begeistern. Entweder mir gefällt dieser Renaissancestil mit seinen plumpen Palästen einfach nicht, oder ich war nicht in der Stimmung dazu, jedenfalls kommt keine Begeisterung auf, als ich durch die holprigen Gassen rumple. An einem Aussichtspunkt beginne ich mit der Lektüre von Hemingways „Fiesta". Nach einiger Zeit setzt sich ein Einheimischer neben mich auf die Bank, offenbar ein Moslem, denn er beginnt damit, lauthals und ausdauernd Gebetsverse in die weite Hügellandschaft zu schicken.

48. Tag, km 3557

Der allmorgendliche Postbesuch verläuft heute etwas anders als gewohnt. Eine junge Postlerin nahm den Platz des alten Schalterbeamten ein, und ich schöpfte Hoffnung, dass sie vielleicht mit etwas mehr Motivation doch noch ein Paket aus München hervorzaubern könnte. Doch weit gefehlt, sie ist kurz angebunden und schnippisch: „Nada“, und „lune“ – Montag. Wochenende. Ein weiterer Aufenthalt hier in Úbeda würde mich mit Sicherheit den Verstand kosten. Als ich mich vom Paketschalter abwende, ist mir klar, dass ich heute die Stadt verlassen muss.

Ein letztes Mal besuche ich „meinen“ Supermarkt, dessen Berieselungsmusik ich inzwischen schon mitpfeifen kann, erstehe in einem Fahrradgeschäft einen neuen Mantel (der Riss in der Flanke beginnt mir Sorgen zu bereiten), und habe auch noch das unverschämte Glück, gleich im zweiten Fotoladen meinen Diafilm zu bekommen, noch dazu im Sonderangebot. Ein alter faltiger Mann erkundigt sich bei mir sehr interessiert nach dem Woher und Wohin, ist schwer beeindruckt und informiert sogleich alle Passanten davon, dass dieser Kerl da aus Deutschland hergeradelt ist...

Endlich sitze ich wieder auf meinem hoffnungslos überladenen Fahrrad, und wie ein Hund, den man von der Leine lässt, rausche ich hinab ins Tal des Guadalquivir. Úbeda liegt endlich hinter mir, sollen diese Schneckenpostler doch bleiben wo der Pfeffer wächst!

Wieder einmal geht meine Fahrt durch Olivenhain-Plantagen, stetiges Auf und Ab. Wunderschöne Sierras wandern vorbei, teilweise kahl und abweisend, teilweise olivenbehaint. Ein wunderschöner Tag lässt mich mal wieder so richtig schwitzen.

Der höchste namenlose Sierra-Pass misst heute stolze 1150 Meter, und ich komme in den Genuss der Aussicht auf die unwirtliche Sierra Nevada. Nach Granada hinunter kann ich es dann fast nur noch laufen lassen.

Es wird spät. In der Dunkelheit sehe ich es dann endlich vor mir liegen: Die Abendlichter Granadas funkeln mich an. Ich tauche hinab in den Verkehrsmoloch der Viertelmillionenstadt und kämpfe mich auf der Stadtautobahn bis zum Campingplatz durch, den ich mit etwas Mühe doch noch finde. Nach meiner mit 135 Kilometern bisher weitesten Etappe belohnt mich die viel gepriesene Stadt mit einer heißen Dusche und erholsamem Tiefschlaf. Das inoffizielle Ziel meiner langen Reise ist erreicht.

49. Tag, km 3573

Heute ist ein richtig fauler Tag. Ich gurke den ganzen Tag in Granada herum, versuche mich zu orientieren, kaufe „El País“, weil da der ausführlichere Wetterbericht drin ist und freue mich, dass die ganzen Tiefs jetzt wohl endlich mal vorbei sind.

Am Sonntag steht das Leben still in Granada, die Bürgersteige sind hochgeklappt und die Touristen unter sich. Der Campingplatz, sehr zentral gelegen, ist der internationalste seit Nizza: Es sind sehr viele junge Engländer unterwegs, Holländer, Belgier, Schweizer, und natürlich Deutsche, zumeist in Wohnmobil-Kisten verpackt. Diese Landsmänner und -frauen sind mir peinlich, und so gebe ich mich eigentlich nie als Deutscher zu erkennen, was aufgrund meines Äußeren auch kein besonderes Problem mehr darstellt.

In Granada irre ich in der (neueren) Unterstadt umher, versuche vergeblich eine Süddeutsche zu ergattern und lande schließlich im Albaicin, dem ältesten Viertel Granadas. Auf einem Hügel direkt gegenüber der Alhambra gelegen lockt dieser maurisch geprägte Stadtteil mit einem unübersichtlichen Gassenlabyrinth, weiß gekalkten Fassaden und dem wunderschönen Platz „Mirador San Nicolas“. Von hier aus hat man den Postkartenblick auf die Alhambra, die von außen eher unscheinbar wirkt. Nach dem umgekehrten Pelzmantelprinzip sind dort alle Schätze nach innen gekehrt und nicht nach außen zur Schau gestellt.

Hier halte ich mich lange auf, sehe den Touristenmassen beim Vorbeiströmen zu und mache Brotzeit. Auch sind mal wieder einige Postkarten fällig.

50. Tag, km 3573

Ein wahrhaft stinkfauler Tag, der erste überhaupt, an dem ich mein Fahrrad nicht einmal berührt habe!

Die Alhambra fällt heute ins Wasser, vormittags und mittags regnet es. Doch das ist überhaupt kein Problem, direkt gegenüber des Campingplatzes befindet sich nämlich ein gigantischer Supermarkt, der es locker mit seinen französischen Kameraden aufnehmen kann. In diesem Supermarkt gibt es original deutsches Schwarzbrot, und die Eier muss man mindestens im 12er-Pack kaufen. So kam es, dass ich mir abends zwölf Spiegeleier in die Teflonpfanne gehauen habe, und den ganzen Abend etwas zu tun hatte!

51. Tag, km 3581

In der Früh ist es wieder dicht bewölkt, na super. Ich will die Alhambra unbedingt bei Sonne sehen, und die Wettervorhersagen sind auch beharrlich „wolkenlos“, doch fingert da wohl noch ein dickes fettes Tief mit Zentrum über München (Kein Witz! Siehe Wetterkarte in El País vom 06.10.1998) mit seinen letzten Ausläufern rein...

Ich liefere mein letztes Film-Paket und den Postkartenstapel bei der Post ab, kette meine Fahrrad an eine Laterne am Duro und erkunde den Albaicin zu Fuß. Sehr lange sitze ich wieder am Mirador St. Nicolas, der inzwischen zu meinem Lieblingsplatz in Granada avanciert ist. Heute ist es hier viel ruhiger als am Sonntag, Einheimische ratschen und bevölkern die Mauer... ein Gitarrist klampft vor sich hin (recht gut sogar), und eine Kastagnettenverkäuferin klappert mit ihrem Traditionsgut die Touris an. Insgesamt eine echt entspannte Atmosphäre.

Beim Sonnenuntergang sehe ich die Alhambra („die rote“) ihrem Namen alle Ehre machen: Sie glüht auf, bevor sie im Halbdunkel der Vollmondnacht versinkt.

52. Tag, km 3594

Heute ist es endlich mal wieder ganz wolkenlos, genau richtig für den lange ersehnten Besuch der Alhambra. Ich will dem größten Touri-Ansturm entgehen, der am Vormittag stattfindet, und erst gegen Mittag die berühmten Anlagen besuchen. Den Vormittag verbringe ich wieder im Albaicin. Trotz seinem mittlerweile hohen Bekanntheitsgrad hat sich das älteste Stadtviertel Granadas viel Ursprünglichkeit bewahrt, und wenn man durch die weiß gekalkten Gassen irrt, fühlt man sich noch so richtig als Entdecker.

Später lasse ich mich in die Unterstadt spülen. Hier lockt die Alcaizeria, der ehemalige Seidenmarkt, mit ihren engen und hohen Gassen und reichlich maurischen Überresten. Doch leider ist hier alles völlig überlaufen, hundertprozentig auf Touristen eingestellt und „erweckt den Eindruck eines pseudomaurischen Disneylands“, wie mein Reiseführer sehr treffend notiert.

Gegen Mittag wandere ich zur Alhambra hinauf. Hier wird gerade kräftig an der touristischen Infrastruktur gebaut und man richtet sich auf noch größere Touristen-Ströme ein. Schon seit längerem gibt es einen riesigen Großparkplatz, und nun ist man dabei, das „Ticket Office“ an dessen Rand zu verlegen. Viel ließ man sich dabei nicht einfallen: Beton, Beton, Beton. Offenbar können die Spanier der Neuzeit architektonisch einfach nicht aus ihrer Haut...

Frohen Mutes erreiche ich also besagtes „Ticket Office“, doch werde ich dort herb enttäuscht. Schon um kurz nach zwölf Uhr heißt es „ausverkauft“! Das Kontingent von 400 Personen, das jede halbe Stunde in den Nasridenpalast gelassen wird, ist für heute leider schon ausgeschöpft. Unvorstellbar, wie es hier wohl erst in der Hauptsaison zugehen muss! Etwas niedergeschlagen trete ich den Rückzug in die Unterstadt an, mit dem festen Vorsatz, am nächsten Tag schon um neun Uhr auf der Matte zu stehen. “Manana“!

53. Tag, km 3601

So früh hat der Wecker schon lange nicht mehr geklingelt, es ist noch stockdunkel und saukalt. Nach einem Vollwert-Frühstück (langsam aber sicher kaufe ich die gesamten Schwarzbrot-Bestände des Supermarktes auf!) stürze ich mich mit meinem Fahrrad in die morgendliche Rushhour. Den Weg finde ich nun schon im Halbschlaf. Und auch an den spanischen Fahrstil, der übrigens besser ist als sein Ruf, habe ich mich assimiliert.

Schon vor Öffnung des „Ticket Office" bin ich vor Ort und reihe mich in die Schlange der Wartenden ein. Man versucht, die Touristenmassen in einigermaßen geordnete Bahnen zu lenken, indem die Eintrittskarte es einem nur während einer genau festgelegten halben Stunde erlaubt, den Nasridenpalast, die Hauptattraktion der Alhambra, zu betreten – mit 399 anderen. Den Generalife und die Alcazaba kann man ohne zeitliche Beschränkung besichtigen. Mein Ticket gilt von 12:00 bis 12:30, und so besichtige ich zuvor den Palast des Generalife.

Etwas oberhalb der Alhambra gelegen, sind hier vor allem die wunderschön angelegten und gepflegten Gärten mit den allerorts plätschernden Brunnen und Fontänen zu erwähnen. Drei bis vier Meter hohe Hecken sind exakt getrimmt und bilden ein überdimensionales Labyrinth, unzäh-

lige Tore und Türmchen. Selbst jetzt noch blühen Rosen und weitere für den botanischen Laien nicht näher identifizierbare bunte Blumen. Ein wunderschöner friedlich dahinträumender Park, dessen Ruhe nur durch Touristenscharen gestört wird, die im 50er-Pack einem Fremdenführer nachhetzen.

Besonders unterhaltsam ist es, den japanischen Reisegruppen zuzusehen. Sie haben das blitzschnelle Posieren vor jedweder Sehenswürdigkeit zur Perfektion gebracht, um sich möglichst oft von den Kampftouristenfreunden ablichten zu lassen. Vielleicht muss man, bevor man Japan in Richtung Europa verlässt, ein spezielles Trainingslager absolvieren? Und vielleicht werden dort auch die niedlichen genormten Sonnenhüte verteilt?

Die Touri-Regimenter schwappen in regelmäßigen Wellen über mich hinweg, so dass ich zwischen diesen zweifellos amüsanten Unterbrechungen den Park genießen kann – und so wird es den ganzen Tag weitergehen.

Der eigentliche Palast des Generalife zeigt dann einen kleinen Vorgeschmack dessen, was mich im Nasridenpalast noch erwartet: Unzählige Spitzbögen und Säulen, kunstvoll und spielerisch verziert mit zeitlos harmonischen Reliefmustern und mit Koranversen, den „Spinnweben Gottes“. In der Mitte der Anlage ergießen sich in einem Innenhof in

zwei langen Reihen ungefähr fünfzig Fontänen in ein langgestrecktes Sammelbecken, lautstark plätschernd... Anmutig und graziös passt das gesamte Ensemble perfekt zusammen.

Schließlich drängt mich die Uhr hinab zur Alhambra. Der Nasridenpalast ist Kulminationspunkt der maurischen Baukunst und der Menschenmassen aus aller Welt. Die Darstellung dieser Schönheiten überlasse ich lieber meinen Dias, denn sie ist sprichwörtlich unbeschreiblich. Es genügt zu sagen, dass alleine dieses Erlebnis die bisherigen 3600 Kilometer wert gewesen wäre...

Als meine Eltern vor fünfundzwanzig Jahren hier waren, gab es noch keinen Großparkplatz, kein betoniertes Ticket-Office, keine Kontingentierung, weniger Absperrungen und weniger Stress für Besucher und Alhambra. Wie wird das wohl enden? Die durch die wilden Touristen-Horden ausgelösten Vibrationen schädigen die grazilen Dekors, ganz zu schweigen von den Abermillionen, die es nicht lassen können, das ganze auch mit den Fingern anzuschauen.

Wird man irgendwann vielleicht dazu gezwungen sein, die Wände komplett mit Glasscheiben zu schützen, wird man die zugänglichen Räumlichkeiten weiter einschränken oder gar nur noch 1:1-Nachbauten besichtigen lassen? Die Zukunft wird es zeigen. Mit echter Besorgnis male

ich mir aus, welche Alhambra wohl meine Kinder einst anschauen dürfen.

Sehr lange halte ich mich im Nasridenpalast auf, und gegen Nachmittag lässt der Touristenstrom merklich nach. Erst jetzt kann ich die Innenhöfe und Anlagen so richtig genießen. Diese Begeisterung wird mir ein Leben lang erhalten bleiben.

Zum Abschluss besichtige ich noch die Alcazaba, die trutzige Festung, die die Alhambra gen Westen absichert. Sind die massiven Wehranlagen nur etwas für echte Burgen- und Militärfreaks, so ist die Aussicht schon eher nach meinem Geschmack: Weit schweift der Blick über Granada und die fruchtbare Ebene Vega, dahinter beginnen die endlosen Sierras. Gegenüber erhebt sich der Albaizin mit seinem Gassengewirr, ganz weit unten rumort die Unterstadt, und im Rücken liegt die wolkenverhangene Sierra Nevada. Hier lasse ich mich vom frischen Wind auswehen, bis mir kalt wird.

Abends, nach einem Telefonat mit meiner Schwester, wird mir wieder einmal bewusst, wie sehr sich meine Maßstäbe verschoben haben. Dass ich jeden Abend archaisch den Benzinkocher anwerfe und dann in Zelt und Schlafsack krieche, erscheint mir schon so normal, dass es eigentlich überhaupt nicht mehr erwähnenswert ist. Temperaturen unter 20 Grad empfinde ich als kühl. Orangenbäume sind nichts besonderes

mehr, und Palmen „ganz normale Bäume“. Ich komme mir nicht sonderlich gebräunt vor, doch wahrscheinlich bin ich so knackbraun wie noch nie. Und die verbleibenden 600 Kilometer erscheinen mir wie ein lächerlicher Kurztrip, doch war die gesamte Korsika-Tour im letzten Sommer nur unwesentlich länger! Vermutlich ließe sich diese Liste endlos fortsetzen, doch gehe ich jetzt ins Bett – in den Schlafsack, meine ich.

54. Tag, km 3691

Endlich muss ich mich heute mal wieder so richtig fortbewegen. Nachdem ich nun fünf Tage ohne jegliches Gepäck durch Granada gerollt bin, kommt mir der beladene Koloss wieder schwer und träge vor. Nach den ersten Kilometern habe ich mich aber schon wieder daran gewöhnt.

Bei durchgehend bedecktem Himmel und einer Hundskälte von 12 Grad wühle ich mich ein letztes Mal durch Granadas Rushhour. Bald erreiche ich den Puerto del Suspiro del Moro („Pass des Seufzers des Mauren“), einen geschichtsträchtigen Pass vor den Toren Granadas. Im Jahr 1492 wurde Granada, die letzte maurische Hochburg auf dem europäischen Kontinent, von den Spaniern erobert. In dieser Situation verließ der maurische Herrscher ohne militärischen Widerstand zu leisten die Alhambra, denn er hätte es nicht ertragen können, an der Zerstörung dieses Höhepunktes der maurischen Baukunst schuld zu sein. Bei der Flucht aus der Stadt wendete er sich auf der Passhöhe ein letztes Mal zurück, blickte auf Granada – und seufzte. Daher der Name, so sagt man.

Langsam zeigt sich die Sonne immer mehr, und so beschließe ich, meinen geplanten Abstecher in die Alpujarras durchzuführen. Die Alpujarras sind eine unzugängliche, von tiefen Tälern durchfurchte Bergregion im Süden der Sierra Nevada, die ein letztes Rückzugsgebiet der Mauren nach dem Fall Granadas waren. In der meist kargen Urlandschaft sind ihre Spuren noch heute unverkennbar, wie z. B. die unzähligen kunstvoll terrassierten Hänge.

Das klingt radlmäßig ziemlich anstrengend. Nach der Fahrt durch Orjiva ziehen sich Kehren hinauf in die Alpujarra alta, vorbei an weißen Dörfern und Häusern mit malerischen runden Kaminchen.

Inzwischen hat die Sonne den Kampf mit den Wolken für sich entschieden, und frohen Mutes kurble ich mich in die Höhe. Doch als ich um die letzte Kurve vor dem Alpujarra-Vorzeigedorf Pampaneira biege, das schon in über 1000 Metern Höhe liegt, sehe ich mit meinen eigenen Augen, dass die Sierra Nevada tatsächlich ein sehr effektiver Regenfänger ist: Hatte ich vor wenigen Augenblicken noch einen praktisch wolkenlosen Himmel über mir, drücken über dem Ort dunkle Wolken ins Tal. Als ich mich im Dorf umschaue, beginnt es prompt zu regnen. Da der Campingplatz, den ich für heute anpeilte, noch um einiges höher liegt, be-

schließe ich umzudrehen – in Orjiva gibt es nämlich ebenfalls einen Campingplatz.

Doch die Abfahrt endet im Fiasko. Es passiert, was auf 4000 Kilometern vielleicht einmal passieren muss: Am Beginn einer relativ engen Kurve mit im Lauf der Jahrzehnte glatt poliertem Belag bremse ich ab, der Regen hatte schon aufgehört, die Straße war noch nass... keine Chance, ein kapitaler Sturz!

Glücklicherweise war ich nicht mehr allzu schnell und hinter mir kein Auto, aber auch so ist die Schadensbilanz beachtlich. Ich habe Prellungen und Schürfwunden an der gesamten rechten Körperseite. Besonders schmerzhaft ist die Beckenverletzung: Eine ordentliche Prellung, und eine offene Wunde von ungefähr 8 mal 10 Zentimetern Größe. Doch auch das Knie, der Ellenbogen und die Schulter wurden stark in Mitleidenschaft gezogen. Die Jacke ersparte mir noch großflächigere Wunden, ist dafür jedoch ziemlich perforiert. Die rechte Außentasche ist halb abgerissen, am Ellenbogen klafft ein Loch und an der Schulter ein Riss... Auch meine nächste Jacke wird aus RipStop sein!!! An der Lenkertasche ist die Deckelhalterung eingerissen und rechts vorne ging sie aus dem Leim... wenigstens sind Fahrrad und Packtaschen heil geblieben.

Verschreckt wie ein angeschossenes Reh rolle ich nach Orjiva hinab. Nach der Dusche am Campingplatz verarzte ich mich semiprofessionell, wenigstens habe ich jetzt auch das Erste-Hilfe-Zeug nicht umsonst durch halb Europa gefahren. Die Schürfwunde am Becken ist sehr unschön, und die Beckenprellung wird mich wohl noch bis nach Gibraltar begleiten.

55. Tag, km 3745

Wie zum Hohn ist es heute wolkenlos. Leider kann ich mir keinen Ruhetag mehr leisten, ich habe sämtliche „Puffertage“ in Granada und Úbeda gelassen. Die Beckenprellung schmerzt beim Fahrradfahren weniger als beim Gehen. Hoch über dem munteren Gebirgsfluss Guadalfeo geht es Richtung Süden. In den Alpujarras war ich sicher nicht zum letzten Mal, so begeistert bin ich von dieser Urlandschaft.

Doch wenn ich wiederkomme, wird es hier einen Stausee mehr geben: Der bis vor Kurzem romantische Talgrund wird von Baggern zerfleischt, um eine riesengroße Staumauer zu errichten. Vermutlich wird das sogar von der EU gefördert, denn hier prangt an jeder Straßenbaustelle und auch sonst recht häufig das blaue EU-Logo...

Am letzten Anstieg vor der Abfahrt zur Costa del Sol treffe ich einen deutschen Rennradler mit Minimal-Gepäck. Wir kommen schnell ins Gespräch. Der junge Pfarrkirchner ist schwer beeindruckt von meiner bisherigen Tour, findet alles „extrem" und war noch nie in Frankreich.

Auf der letzten Anhöhe ist es dann endlich so weit: Das Mittelmeer, dem ich vor drei Wochen den Rücken zukehrte, leuchtet mir wieder entgegen. Hocherfreut lege ich auf der Anhöhe eine lange Pause ein und brotzeite, bevor ich mich vorsichtig auf die Abfahrt begebe. Ich bin jetzt nicht nur seit dem Sturz psychisch abfahrtsgehemmt, zu allem Überfluss bereitet mir auch der extreme Seitenschlag in meinem Hinterrad ernsthafte Sorgen.

Ich rolle hinab nach Motril. Aus der kleinen Ebene schimmern mir hektarweise Gewächshäuser aus Plastikplanen entgegen, „Plasticultura" genannt. Sie sehen zwar aus wie frisch gelandete UFOs, strahlen aber in dieser Masse erstaunlicherweise dennoch eine gewisse (perverse) Ästhetik aus!

Dieser Abschnitt der Costa del Sol nennt sich „Costa Tropicana", und der Name ist gar nicht so schlecht gewählt. Man sieht zwar keine Regenwälder oder Orang-Utans, aber immerhin gibt es viel mehr Palmen als

„normale“ Bäume, und die Blumenpracht ist selbst um diese Jahreszeit noch sehr üppig.

Ich folge der Küstenstraße nach Westen, und wie nicht anders zu erwarten ist auch diese Küste fleißig verbaut. Beton, mal mehr und mal weniger geschmacklos hingeklatscht. Die ursprünglichen alten Ortskerne sind meist nur noch schwer aufzuspüren oder sogar komplett „untergegangen“. Erfreulicherweise sind die Bausünden hier jedoch noch auf die Ortschaften begrenzt, während dazwischen die abschnittsweise gewaltige Steilküste im Urzustand erhalten ist. Regelmäßig thronen steinalte Wachtürme an exponierter Stelle, ehedem zur Abwehr von Gefahren aus dem nahen Afrika errichtet.

Schon in Almunecar beende ich diese Etappe und beginne mit dem Flicken von Jacke und Lenkertasche. Angesichts der bekannten Ortlieb-Qualität (LKW-Plane...) ist das ein sehr mühsames Unterfangen, und so zerschinde ich mir beim Nähen auch noch den Zeigefinger. Nach so viel Pech dürfte auf dieser Reise jetzt aber wirklich nichts mehr schiefgehen!

56. Tag, km 3801

Die Steilküste zwischen Almunecar und Nerja verlangt mir und meiner Beckenprellung heute einiges ab. Von einer Bucht in die nächste gilt es immer ungefähr 100 Höhenmeter zu überwinden. Irgendwann gebe ich es auf, die Buchten zu zählen.

Über weite Strecken ist die Costa Tropicana hier noch nicht verbaut. Oft fahre ich vorbei an idyllischen Buchten, die tief unten türkisgrün schimmernd ihrer Entdeckung durch einen potenten Investor harren.

Die Buchten sind teilweise nur über steile Schotterpisten erreichbar, was die Zahl der Strandbesucher auf ein erträgliches Maß reduzieren würde, doch ist mir der Abstecher an den Strand eindeutig zu anstrengend. Von oben sind die Buchten schließlich auch sehr schön anzuschauen, und mit meinen Schürfwunden wäre an ein Bad im Meer ohnehin nicht zu denken.

Bei einem Fotostopp treffe ich ein spanisches Urlauberehepaar. Wir fotografieren uns gegenseitig, und mit etwas Mühe kann ich ihnen vermitteln, dass ich aus München hergeradelt bin. Das scheint die nette Dame dermaßen beeindruckt zu haben, dass sie unbedingt noch ein Foto von sich und diesem verrückten Radler haben wollte... So kam es, dass ich in einem spanischen Familien-Fotoalbum verewigt bin.

Ab Nerja wird die Küste wieder flacher, und sofort steigt der Betonanteil wieder an. Ein deutscher Rennradler, den ich unterwegs auf der stark befahrenen Küstenstraße getroffen habe, gab mir den Tipp, dass in Nerja gerade Feria ist.

Meine spontane Skepsis bestätigt sich leider vollständig. Nerja ist ein absolutes Touri-„Dorf" aus 99 Prozent Stahlbeton, und entsprechend stellt sich auch die Feria dar: Ein geschmackloser Rummelplatz. Das schönste daran sind noch die spanischen Frauen mit ihren bunten Kleidern in allen möglichen und unmöglichen Farben.

Ab Nerja verläuft die Küstenstraße wieder direkt am Meer entlang. Vorbei an endlosen Plasticulturas geht es nach Torre del Mar, der Touri-Metropole schlechthin und Stahlbeton-Karikatur seiner selbst. Doch was soll's, für eine Nacht hält man das schon aus, und jetzt in der Nebensaison ist es wenigstens schön ruhig auf dem örtlichen Campingplatz.

Abends beende ich mit Seam Grip die Reparatur meiner Jacke, und weil ich gerade dabei bin, flicke ich noch zwei gewaltige Löcher in meiner Radlhose.

57. Tag, km 3900

Heute ist spanischer Nationalfeiertag: „Dia de la Hispanidad“, Tag der Entdeckung Amerikas. Nur wenige Supermärkte an der Küste haben heute geöffnet, gut zu wissen, denn 30 Kilometer vor Malaga verlasse ich die Costa del Sol ins Landesinnere.

Auf der Landkarte sieht das sehr einfach aus: Eine kleine Straße windet sich einen Fluss aufwärts hinauf nach Riogordo. Doch der „Fluss“ entpuppt sich als Trockental, und die sehr schlecht erhaltene Straße hat wohl ein norwegischer Bauingenieur verbrochen: Ständiges teilweise extrem steiles Auf und Ab, vollkommen unnötig und kräftezehrend!

Der Talgrund ist von üppiger „tropischer“ Vegetation bedeckt, Orangenplantagen und wucherndes Gestrüpp findet sich allerorten. Den ganzen Tag ist keine einzige Wolke am Himmel, es hat über 30 Grad und damit ist das der heißeste Tag seit langem. Ich schwitze Rotz und Wasser. Nicht nur auf dem Trikot, sondern sogar auf der Radlhose bilden sich Salzränder.

Ab Casabermeja muss ich dann mangels Alternativen auf die autobahnartig ausgebaute Nationalstraße wechseln, um über die Passhöhe Puerto de las Pedrizas zu gelangen.

Kurz vor der Einfahrt erspähe ich auf einem Hügel eines der spanischen Nationalheiligtümer: Ein „Toro“, ein schwarzer Kampfstier, thront weithin sichtbar auf der Anhöhe unmittelbar an der Schnellstraße. Diese grob geschätzt gut 10 Meter hohen Kolosse wurden von der Brandy-Brennerei Osbourne in ganz Andalusien aufgestellt. Ein neues Gesetz, das Produktwerbung an Schnellstraßen verbieten sollte, bedrohte die toros in ihrer Existenz. Inzwischen hatte man die zum Nationalsymbol avancierten Tierchen so liebgewonnen, dass das Gesetz einen großen öffentlichen Aufschrei zu Folge hatte. Also ließ man sich etwas einfallen. Die toros wurden schwarz angestrichen, kurzerhand zum nationalen Kulturgut erklärt und durften stehenbleiben.

Ich nehme also ein kurze Wanderung über Wiesen und Äcker auf mich, bis ich endlich vor einem der berühmten Wahrzeichen stehe. Auch aus der Nähe erweist sich die massive Stahlkonstruktion als erstaunlich ästhetisch. Das schwarze Ungetüm blickt den ganzen Tag (auch nachts, glaube ich) in die Ferne und strahlt dabei eine Ruhe aus, die mich schnell in ihren Bann zieht. Ich nehme mir viel Zeit für den toro. Auf dem Rückweg scheuche ich noch eine Schlange auf, und zurück am Fahrrad kippe ich erst mal die rote Erde aus meinen Fahrradschuhen.

Die nun folgenden Kilometer auf der Standspur über den Pass bis nach Antequera, wo wieder eine ruhige Nebenstraße beginnt, sind unangenehm. Besonders gefährlich sind die Ausfahrten: Ich will geradeaus weiter, aber nicht jeder Autofahrer will das auch... Mit der Zeit entwickle ich jedoch eine einigermaßen sichere Fahrtaktik, so dass ich nicht an jeder Ausfahrt mein Leben aufs Spiel setzen muss.

Mit viel Intuition und Glück finde ich durch Antequeras Straßengewirr, das nur mäßig durchschildert ist. Die folgende steile Auffahrt auf die Sierra de Chimenes bietet mir einige wunderschöne Ausblicke auf die weiße Stadt im Abendlicht und den „Indio“, eine sehr charakteristische Felsformation, im Hintergrund.

Im andalusischen Binnenland sind Campingplätze absolute Mangelware, und so suche ich mir heute mal wieder einen Wild-Camping-Platz in der Sierra. Tatsächlich finde ich einen wunderschönen Fleck, etwas oberhalb der Straße gelegen und mit atemberaubender Aussicht auf die umliegenden kahlen, karstigen Berge. Abends beim Kochen wird das Wasser knapp, doch ich spare wo ich kann (man kann beispielsweise hervorragend mit dem Nudelwasser abspülen...), und so reicht es sogar zur Durstbekämpfung.

58. Tag, km 3983

Zur Zeit entschädigt mich das Wetter für sämtliche bisher erlittenen Regentage reichlich: Wieder wolkenlos, wieder über 30 Grad!

Dafür machen mir heute die Nebenstraßen mit ihren stark schwankenden Fahrbahnqualitäten und ihren brutalen Steigungen das Leben schwer. Manchmal habe ich das unbestimmte Gefühl, der einzige die Steilheit beschränkende Faktor im spanischen Straßenbau ist die Forderung, dass ein Moped beim bergauf Fahren gerade so eben nicht absterben sollte.

Mit viel Spürsinn und Glück finde ich im ersten Dorf den örtlichen Supermarkt, der sich nach außen hin in keiner Weise als solcher zu erkennen gibt. Glücklicherweise stand gerade ein Lieferwagen davor. Nachdem ich in der Apotheke noch Nachschub für mein dahinschwindendes Verbandszeug besorgt habe – die Prellungen sind schon ziemlich auskuriert, aber die Schürfwunde am Becken ist immer noch nicht geschlossen –, stürze ich mich wieder in den Kampf gegen die Sierras.

Vorbei an El Chorro, das an der Öffnung einer gewaltigen Schlucht liegt, durch die ein gewagter Wanderweg führt (merken für die nächste Andalusienfahrt!), geht es nach Ardales. Das einzig bemerkenswerte an diesem Ort ist, dass die von dort ausgehende Straße nach El Burgo kurz nach dem Ortsausgang zu einer derben Schotterpiste degeneriert. Ich benötige die gesamte Fahrbahnbreite, um wenigstens den größten Felsbrocken und Schlaglöchern auszuweichen... Nach 15 Kilometern und 2 (in Worten: zwei) Stunden bin ich der festen Überzeugung, dass der Asphalt eine mindestens genauso wichtige Erfindung für die Menschheit war wie das Rad.

Zum Tagesabschluss schinde ich mich noch hinauf zum Puerto del Viento, der mit 1190 Metern mein höchster Pass im Hinterland der Costa del Sol ist. Zunächst führt die Straße durch lichte Lärchenwälder, das weiße Dorf El Burgo leuchtet hinauf, bis die Passstraße sich schließlich auf die Serrania de Ronda hinaufschwingt. Bald bin ich umgeben von einer weitgehend unberührten Felslandschaft: Karg, abweisend, halb wüstenartig.

Dem viel gerühmten Ronda kann ich dann leider nicht mehr viel abgewinnen. Während ich in der Stadt mit der ältesten Stierkampfarena Spaniens eintreffe, geht die Sonne unter. Ronda ist spektakulärerweise zu beiden Seiten einer 100 Meter tiefen Schlucht errichtet, die von drei Brücken überspannt wird. So ist es nicht allzu erstaunlich, dass hier touristisch wieder einiges geboten ist: Ganze Busladungen werden angekarrt, und in der Fußgängerzone (!) gibt es sogar einen Levis-Shop...

59. Tag, km 4119

Heute warten die letzten unentdeckten Radlkilometer vor Gibraltar auf mich!

Zunächst wieder das gewohnte auf und ab, über einen imposanten Pass und dann vorbei an unzähligen weißen Dörfern, die wunderschön an die steilen sattgrünen Hänge geklebt sind. Etwas genauer sehe ich mir Gaucin an. Diese weißen Dörfer sind einfach faszinierend. Sie bilden eine solch harmonische Einheit, dass man meint, sie seien in einem Atemzug errichtet worden, doch in Wirklichkeit sind sie natürlich über Jahrhunderte gewachsen.

Schweren Herzens verlasse ich diese malerische Berggegend und rausche hinab nach Jimena de la Frontera, um schließlich durch weite Korkeichenwälder dem Meer entgegenzurollen. In Gedanken versunken stampfe ich dahin.

Plötzlich ist das Ende meiner zweimonatigen Tour greifbar nahe. Als ich mich zu guter Letzt auch noch durch ein bestialisch stinkendes petrochemisches Industriegebiet direkt an der Bucht von Algeciras gewurstelt habe, steht er plötzlich vor mir: „The Rock“, der Fels von Gibraltar, das symbolische Ziel meiner Reise. Doch ist das kein Moment des großen Triumphes. Ich habe mir vorher keine Gedanken darüber gemacht, wie es wohl sein würde, am Ziel zu sein. Der Weg war das Ziel. So markiert

dieser Moment eher den Beginn des Abschiedes von meiner Lebensform der letzten Monate und läutet eine grundlegende Neuorientierung ein. Ich breche nicht in große Jubelstürme aus.

In meinem Rücken stinkt das Industriegebiet vor sich hin und im Meer schwimmen Öltanker. Ich setze mich an den Strand, lasse den direkt gegenüberliegenden Fels auf mich wirken und mache Brotzeit. Der Fels in der Brandung zieht einen großen Schweif in Form einer nebligen Wolke hinter sich her. Vom offenen Meer bläst mir ein warmer Wind ins Gesicht. Lange sitze ich da und denke nach.

Irgendwann inszeniere ich dann mein offizielles Gibraltour-Foto mit dem Affenfelsen im Hintergrund und einem selbst gemalten Verkehrsschild: „München 4110“.

Rechtzeitig vor Einbruch der Dunkelheit mache ich mich auf den Weg nach Algeciras, und unterwegs finde ich an der Autobahn noch einen „Hipermerkado“. Laut meinem Reiseführer hat Algeciras zwei ganzjährig geöffnete Campingplätze, doch meine Erkundigungen bei mehreren Tankstellen ergeben, dass beide geschlossen sind. Na super. Ich befinde mich in einem Riesen-Moloch, der Apokalypse nah, Plattenbauten an Plattenbauten, Verkehrskollaps überall, und habe keine Ahnung wo ich übernachten kann.

Ich rolle ins Zentrum und komme zufällig bei der Polizei vorbei, wo ein halbes Dutzend Uniformierter vor der Tür herumsteht. Auch sie sind sich sicher, dass die Campingplätze geschlossen sind. Einer dolmetscht, denn er beherrscht ein paar Brocken Deutsch. Mit stolzgeschwellter Brust erzählt er mir, dass er (inzwischen 60 Jahre alt) mit 33 für ein paar Jahre in München gearbeitet hat, bevor er zur Polizei ging. Auf Anhieb errät er mein Studienfach – höchst erstaunlich ob meines Zweimonatsbartes und meines auch sonst obskuren Äußeren!

Auf meine Frage, wo es hier eine Pension gäbe, deutet er in Richtung Hafen. Hafen? Mein Reiseführer schreibt, dass Algeciras die Stadt mir der höchsten Kriminalitätsrate in ganz Spanien ist. Algeciras' Hafen ist der Hauptfährhafen nach Afrika und die gefährlichste Gegend in dieser Stadt. Aber na gut, was soll's, da muss ich jetzt eben durch.

Als es stockfinster ist, spüre ich langsam Panik in mir hochkriechen. Unterwegs frage ich einen Verkehrspolizisten nach einer günstigen Pension. Geduldig erklärt er mir dreimal den Weg. Tatsächlich finde ich die Pension sofort: Von der engen Gasse, die Tür nur angelehnt, tritt man sofort ins Wohnzimmer. Ein alter Mann fläzt sich auf einem durchgesessenen Sofa und schaut fern. Als ich meinen Standardsatz („Quiero quedarse una noche“) sage, taut er auf.

Zunächst lässt er mich ein offizielles Formular ausfüllen, wobei er bei jeder Zeile gestenreich erklärt, was ich hinzuschreiben habe. Dann kassiert er seine erstaunlich günstigen 1500 Peseten und zeigt mir die abgestürzten Räumlichkeiten. Zu zweit zerren wir meinen bepackten Drahtesel um einige Ecken in mein Zimmer im Erdgeschoss, und als ich endlich frisch geduscht im Bett liege, weicht die Anspannung einer tiefen Zufriedenheit – und einer unglaublichen Müdigkeit. Schon ewig nicht mehr habe ich unter einem festen Dach geschlafen.

60. Tag, km 4148

Ein knatterndes Mofa, das fast durch mein Bett fährt, reißt mich aus dem Tiefschlaf. Mein Zimmer liegt direkt an der Gasse. Irgendwer beschallt das halbe Stadtviertel mit Hispano-Pop. Das Waschbecken in meinem Zimmer fällt fast von der Wand, und in den Toiletten sind die Klorollen mit einer phantasievollen Drahtkonstruktion aufgehängt. Keine Frage, die Bruchbude hat Flair!

Da die Pension in der Früh wie ausgestorben ist, hinterlasse ich einen Zettel an meiner Zimmertür: „Quiero quedarse und segonda noche. Gratias." und hoffe, dass sie keiner aufbricht.

Mein Weg führt mich heute (ohne Gepäck!) um die Bucht von Algeciras herum durch die erbärmlich stinkenden Industriegebiete nach Gibraltar. Das klingt reichlich unspektakulär, und so kam es mir auch vor. Kaum zu glauben, aber ich bin am offiziellen „Ziel" meiner Reise angekommen!

Vor der Grenze zum United Kingdom staut sich der Verkehr, aber als Fahrradfahrer kann man ja glücklicherweise ungestraft rechts überholen... Nach der Passkontrolle gilt es zunächst, die Startbahn des Flughafens von Gibraltar zur überqueren. Da die britische Kolonie eigentlich nur aus dem berühmten Jurakalkfelsen besteht, war es sehr schwierig, eine Start- und Landebahn unterzubringen. Mehr als den schmalen Übergang zum spanischen Festland gibt es hier nicht an ebenen Flächen, und weil dort leider nur eine halbe Startbahn Platz fand, musste man die zweite Hälfte ins Meer aufschütten. Naturgemäß muss also jeder, der die Kolonie betritt, als erste Amtshandlung die Startbahn des Flughafens überqueren – die vielen Fußgänger sind ein absurder Anblick. Wie beruhigend, dass man eine Verkehrsampel installiert hat. Stündlich kommt der Verkehr zum erliegen, wenn eine Maschine startet oder landet.

Leider zieht „the Rock" auch heute eine Rotzfahne von Wolkenschweif hinter sich her, was meine Aussicht eintrüben wird. Aber was soll's, jetzt bin ich hier, jetzt „muaß i aufi"!

Gibraltar gehört zum Britischen Königreich, und genau so fühlt man sich hier auch: Die Kinder werden in Schuluniformen gesteckt, Bobbies stolzieren durch die Stadt. An jeder Ecke findet sich eine Fish-and-Chips-Bude, und der englische Baustil allerorten lässt einen schon mal reflektorisch die Regenjacke herausholen. Davor, dass hier der *Rechts*verkehr üblich ist, wird sogar auf Schildern gewarnt. Zum Zeichen einer gewissen Eigenständigkeit verweist man stolz auf die eigene Währung, das „Gibraltar Pound" (1:1 zum Pfund Sterling), und für die Philatelisten werden eigene Briefmarken gedruckt.

Auf den ersten Blick erinnert Gibraltar jedoch vor allem an einen überdimensionalen Duty-Free-Shop: Kaum ein Spanier verlässt das Land, ohne die maximal zulässige Menge an Zigaretten auszuführen.

Gibraltars Bewohner schließlich stellen eine merkwürdige Mischung dar aus Briten, Spaniern, Indern und Ähnlichem mehr... Alle sprechen akzentfrei sowohl Englisch als auch Spanisch, und auch die Lebensweise

ist völkerverbindend. Man trinkt Tee, und danach belagert man nach Art der Südländer stundenlang die Bänke in der Fußgängerzone.

In der Main Street, der Vorzeigestube Gibraltars, erstehe ich große Mengen an Postkarten (dreißig Stück), deren Abarbeitung mir nur mit Mühe bis zum Abend gelingt. Aber das muss sein, schließlich ist das genauso wichtig wie das Gipfelfoto am K2.

Trotz der erwartungsgemäß schlechten Aussicht fahre ich mit der Seilbahn (Made in Switzerland) auf den „Top of the Rock“, auf die europäische „Säule des Herakles“. Dort fetzt es die kühlen Wolken über den Grat, dass es nur so eine Freude ist. Nach Osten hin sieht man gerade noch das wütend brandende Meer, während die Sicht nach Westen um einiges weiter reicht: Gibraltar-Stadt, Hafen, Startbahn, Industrieschlote. Im Dunst verschwindet der spanische Konterpart Algeciras. Immerhin. Vielleicht gelingt es mir ja nächstes Mal, einen Blick auf das nahe Afrika zu werfen.

Die berühmten Berberaffen, die Hauptsensation Gibraltars, sind tatsächlich sehr zahlreich und kaum zu verpassen. Große Schilder ermahnen die Touristen dazu, die stummelschwänzigen Makakenaffen ob ihres Aggressionspotentials auf keinen Fall zu füttern. Doch wirken sie so friedlich, wie sie in der Sonne sitzen und sich gegenseitig lausen, dass man ihnen Handgreiflichkeiten oder Kameradiebstähle gar nicht zutrauen würde. Kreativ spielen sie mit herumliegendem Müll, und manchmal streiten (und prügeln) sie sich ein wenig. Es ist beeindruckend, einem anderen intelligenten Wesen gegenüberzustehen und ihm in die Augen zu blicken. Dieses andere intelligente Wesen könnte im Prinzip alles mit einem anstellen, ohne auch nur die geringste Konsequenz fürchten zu müssen. Die Affen-Clans zu beobachten ist spannend. Sie zeigen „menschliche“ Verhaltensweisen, und auch ihre Mimik und Gestik sind größtenteils kompatibel zu unserer. Brav warte ich mit dem Mittagessen, bis ich den Felsen wieder verlassen habe, und passe immer gut auf meinen Fotoapparat auf.

Mit Gibraltars Affen hat es eine besondere Bewandnis. Man sagt, dass der Fels so lange in britischer Hand sein wird, wie dort Affen leben. Als während des zweiten Weltkrieges die Affenpopulation auf dem Felsen bedenklich abnahm, ließ Winston Churchill dort kurzerhand neue Berberaffen aus Afrika ansiedeln. Zur Sicherheit, man weiß ja schließlich nie...

Da man das gegenüberliegende Afrika heute ohnehin nicht sieht, kann ich mir den geplanten „Punta Grande de Europa", einen Aussichtspunkt im äußersten Süden Gibraltars, sparen. Statt dessen schreibe ich meine Postkarten fertig. Gegen Ende artet das so richtig in Arbeit aus! Ich bin heilfroh, als ich den Stapel schließlich in einem knallroten original britischen Postkasten loswerde.

Meine letzten paar Gib-Pounds lasse ich in einem Schnellrestaurant zurück und investiere sie in „Fish and Chips", die hier sogar mit „bread and butter" serviert werden – das kommt mir wahnsinnig absurd vor. Man muss bedenken, dass ich die letzten fünf Wochen durch die sengende Hitze Spaniens geradelt bin.

Offenbar kann auch die Ausreise aus Gibraltar zum Erlebnis werden. Große Schilder entschuldigen vorsorglich die möglichen langen Wartezeiten und erklären, das ganze sei politisch von Spanien gewollt und man solle sich doch bei der EU beschweren. Die Kontaktadresse ist ebenfalls auf dem Schild vermerkt. In der Dämmerung bzw. Dunkelheit taste ich mich auf der Standspur zurück nach Algeciras, ein Erlebnis der dritten Art. Doch alles ist gut gegangen, und sogar die kleine Pension habe ich auf Anhieb wiedergefunden.

Wieder ist die Wohnzimmertüre zur Gasse angelehnt, doch zur Abwechslung hat heute die Oma Fernsehdienst. Als ich heimkomme holt sie ihren Mann, bei dem ich meinen Obulus bezahle. Todmüde falle ich ins Bett. Meine Reise ist zu Ende.

61. Tag, km 4274

Heute möchte ich mich zum Flughafen bewegen. Leider ist das nur auf der autobahnartig ausgebauten Küsten-Nationalstraße möglich. Über die 126 Kilometer auf der Standspur nach Torremolinos gibt es außer der Tatsache, dass ich fast eine Kohlenmonoxid-Vergiftung erlitten hätte, eigentlich nur wenig zu berichten. Äußerst unangenehm zu fahren, aber wieder einmal gibt es für Radler keine andere Möglichkeit.

Ab Estepona wuchern die Stahlbetonsiedlungen zusammen, die Küste ist durchgehend verbaut. Und noch immer ist man dabei, phantasielose Touri-Silos en masse hochzuziehen. Irgendwann, wenn auch der letzte Baum gefällt und der letzte Küstenabschnitt versaut ist, wird man vielleicht sogar in Spanien feststellen, dass man Beton nicht essen kann!

Zumindest ist es heute nach anfänglichem Dunst (oder Smog?) in der Bucht von Algeciras noch mal so richtig angenehm warm. Mehr Positives gibt es über diese letzte Etappe allerdings wirklich nicht zu berichten. Ab Marbella wird die Autobahn endgültig unerträglich, da aus Platzspar-Gründen auf die Standspur verzichtet wurde. Ein wenig motivieren konnte mich außer der Aussicht auf den bevorstehenden Heimflug die überraschende Beobachtung, dass ich nicht der einzige Radler hier war, sondern noch einige andere Renn- und sogar Reiseradler unterwegs waren.

Mit Torremolinos erreichte ich schließlich den absoluten Kulminationspunkt der Stahlbetonorgie. Jetzt in der Nachsaison wirken die verlotterten Touristen-Ghettos noch trostloser als in der turbulenten Hauptsaison. Ich komme mir vor wie Crocodile Dundee in New York, als ich durch die grauen Häuserschluchten fahre. Fette Pauschaltouristen belächeln mich und werfen mir mitleidige Blicke zu.

Direkt an der Autobahn und in der Einflugschneise des Flughafens liegt der örtliche Campingplatz. Der Platz ist ziemlich gammelig, aber was soll's, jetzt ist mir alles egal.

Nach sieben Wochen knatternder Mofas, die mir ihren blauen Dunst ins Gesicht bliesen, ist das dumpfe Brummen der startenden Flugzeuge Musik in meinen Ohren.

62. Tag, km 4274

Dieser letzte Tag vor dem Heimflug ist mein Reserve-Ruhetag, den ich mir für unerwartete Pannen oder Probleme größerer Art aufgehoben habe. Vor dem Heimflug reduziere ich mein Gepäck, indem ich alles, was weniger als acht Mark pro Kilogramm wert ist (so viel kostet das Kilo Übergepäck), der Müllabfuhr anvertraue. Ich reinige mein Fahrrad so weit, dass man sich als Flughafen-Kofferstapler nicht mehr beschweren kann, und schreibe einige Tage in diesem literarisch hochwertigen Zweimonatswerk nach.

Auf dem Campingplatz treffe ich ein junges Pärchen aus Freising, Carsten und Chris. Wie es der Zufall will, haben sie denselben Rückflug gebucht, und so muss ich heute nicht mal mehr den Weg zum Flughafen auskundschaften. Die beiden sind drei Wochen lang durch Andalusien geradelt und erzählen begeistert Geschichte um Geschichte. Ich dagegen bin von den zwei Monaten eher erschöpft. Ich habe keine Energie mehr, von meinen Abenteuern zu berichten.

63. Tag, km 4280

Im Morgengrauen fahren drei Radler auf der gewohnten Standspur zum Malaga Airport. Ich muss mein Ticket am Schalter abholen, doch der hat so früh am Morgen noch geschlossen. Der offizielle Kilometer-Endstand der Gibraltour wird mit 4280 Kilometern in meine persönliche Fahrradgeschichte eingehen.

Kaffee und Croissant in einem Flughafenbistro. Endlich öffnet der Schalter, und ohne Komplikationen bekomme ich mein Ticket. Es ist gut, am Flughafen nicht ganz alleine herumzuwursteln. Wir machen Räder und Packtaschen transportfähig und reihen uns in die Warteschlangen der Pauschaltouristen ein. Alles geht sehr schnell und automatisch. Mir bleibt keine Zeit für besondere Gefühlsregungen beim Verlassen der iberischen Halbinsel.

Leider bekomme ich keinen Fensterplatz mehr, die „Pauschalis“ waren schneller. Das Flugzeug hebt ab. Ich kann einen letzten Blick auf die Costa del Sol und die endlosen braunen Hügelketten erhaschen, die von oben trostlos und monoton aussehen, und als Ganzes dann beeindruckend monumental.

Das Flugzeug legt in einer Viertelstunde die Entfernung zurück, für die ich zuvor mit dem Fahrrad eine Woche gebraucht habe. Der Pilot vermeldet stolze zehn Grad aus München und warnt vor den Gefahren durch nasses Herbstlaub auf der Straße.

Aus der schon bald durchgehenden Wolkendecke, einem riesigen weißen Watte-Teppich, ragen nach einiger Zeit die mächtigen Gipfel der Savoyer Alpen. Es ist verdammt lange her, dass ich mich da unten hochquälte und wieder herunterrauschte... Ich kann mich nur noch verschwommen an den Beginn meiner Tour erinnern.

Landeanflug. Unten warten meine Eltern und meine Schwester auf mich. Und Clemens, der mit seiner Freundin gerade in Schweden war, als ich mich spontan dazu entschlossen habe, nach Gibraltar zu radeln. In nicht einmal zwei Wochen wird die Uni wieder losgehen, und bald wird mich wieder der Alltagstrott einzufangen suchen.

Wenn überhaupt, haben sich die Welt und meine Umwelt während meiner Abwesenheit nur unwesentlich verändert. Ich aber schon!

Bernhard Gehr

17.08. – 18.10.1998

Teil 2

Radreise-ABC

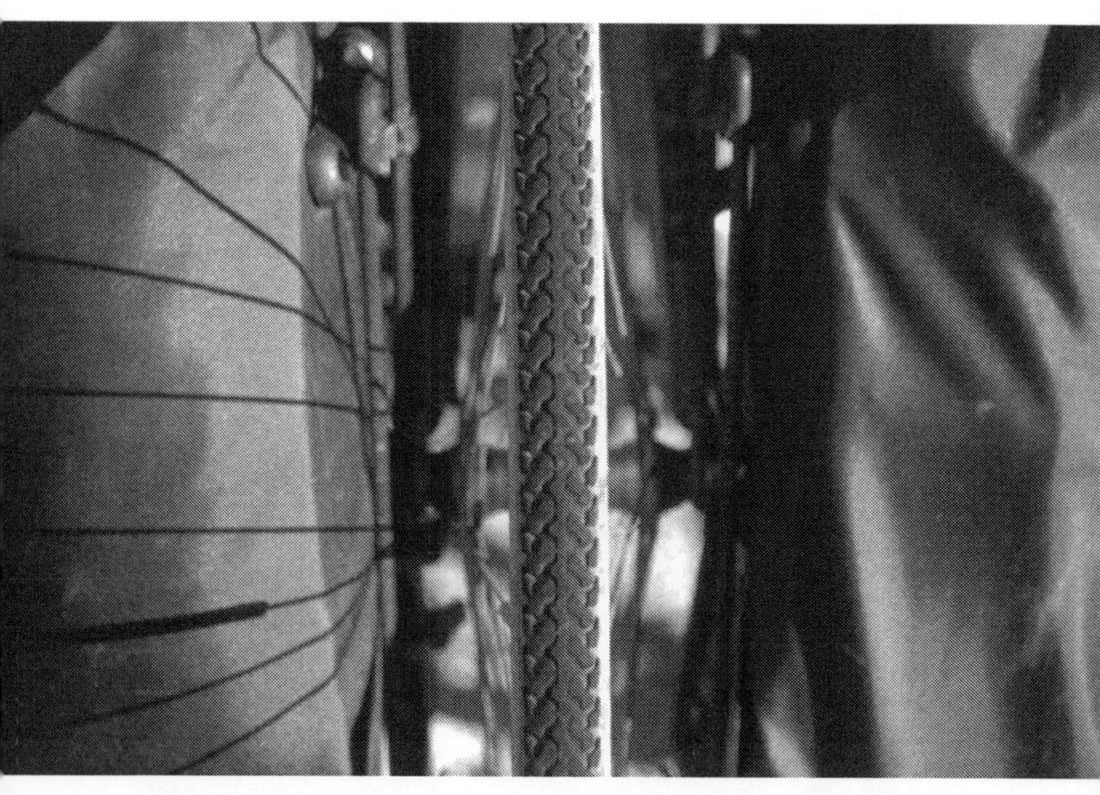

2.1 Das Fahrrad

Mein Reiserad ist eine Persönlichkeit. Tapfer begleitete es mich durch die Höhen und Tiefen all meiner Radreisen, und deren Beginn ist inzwischen schon über sechs Jahre her. Wegen zahlreicher Pannen und dem altersbedingten Verschleiß gibt es kaum mehr ein Teil, das nicht schon ersetzt wurde. Nur der Rahmen ist noch im Originalzustand. Im selben Maß, in dem mein Fahrrad alt wurde und sein Gesicht von Abenteuern gegerbt, wuchsen meine Kondition und meine Radreisebegeisterung. Daher ist für mich dieses euphorisierende Gefühl von Freiheit, das man nur selbst erleben oder von eingerittenen Ledersätteln ablesen kann, untrennbar mit meinem alten Weggefährten verbunden.

So überrascht es nicht, dass mein Fahrrad ziemlich zusammengewürfelt ist und nicht dem neuestem Stand der Technik entspricht. Doch das ist auch überhaupt nicht nötig. Bei einem Reiserad sind ganz andere Dinge wichtig:

- Die verwendeten Teile sollten möglichst bewährt und pannensicher sein und man sollte sie selbst zerlegen und reparieren können.
- Die Bauteile dürfen nicht so neu oder außergewöhnlich sein, dass man sie unterwegs im Ausland nirgends bekommt (unge-

wöhnliche Reifengrößen, Gewinde- und Schraubendurchmesser, Bremssysteme usw.).

- Das Fahrrad darf nicht so teuer aussehen, als könne es für einen Dieb attraktiv sein.

Wer eine Radreise unternehmen will, muss sich nicht gleich ein neues Fahrrad kaufen. Oft reicht es aus, das vorhandene Gefährt ein wenig aufzurüsten.

Rahmen

Am geeignetsten ist die Diamant-Form (Dreiecksform, Oberrohr parallel zum Boden), aus Gründen der Stabilität auch für Frauen. Die richtige Rahmenhöhe wird folgendermaßen ermittelt: Die Länge der Beininnenseite messen, 25 cm abziehen – fertig. Brems- und Schaltzüge müssen ohne enge Kurven verlegt sein. Nötig sind Bohrungen für zwei Flaschenhalter (siehe unten). Plastikschutzbleche klappern nicht.

Gabel

Ein großer Vorlauf (d. h. eine relativ „schräge" Gabel) sorgt für angenehmen Fahrkomfort auf Reisen. Befestigungsösen für Lowrider-Gepäckträger müssen vorhanden sein. Werden die Touren hauptsächlich auf geteerten Straßen gefahren, macht eine Federgabel wenig Sinn und kostet unnötig Kraft.

Gepäckträger

Der Gepäckträger muss möglichst stabil sein. Dafür sind erfahrungsgemäß drei Seitenstreben notwendig. Für vorne ist ein Lowrider-Gepäckträger (tief liegend) wegen des besseren Schwerpunktes vorzuziehen, allerdings kann man dann auch nur spezielle Einhänge-Packtaschen verwenden.

Fahrradständer

Bisher sind mir alle noch so stabilen Fahrradständer früher oder später abgeknickt, so dass ich mein Fahrrad jetzt immer irgendwo anlehne oder auf den Boden lege. Versuchen Sie Ihr Glück mit einem Hinterbauständer, alles andere ist von vorne herein zum Scheitern verurteilt oder einfach zu schwer.

Sattel

Beim Sattel ist eine relativ schlanke Form sinnvoll. Zudem sollte er nicht gepolstert sein, um ein Wundreiben („Wolf") zu vermeiden. Ein gefederter Sattel ist sehr komfortabel. Wer längere Touren plant, sollte sich einen Ledersattel zulegen, diesen „einreiten" und regelmäßig mit Wachs behandeln (nicht fetten!). Legendär sind die Ledersättel der Marke Brooks®. Die richtige Sattelhöhe ist eingestellt, wenn die Ferse bei durchgedrücktem Knie leicht auf dem Pedal aufliegt. Die richtige Sattelposition (vorne – hinten) ist erreicht, wenn das gebeugte Knie senkrecht über der vordersten Pedalstellung steht.

Lenker

Der Lenker sollte möglichst viele Griffpositionen ermöglichen (geschwungene Form, Bull-Horns o. ä.). Gerade Mountainbike-Lenker schädigen auf Dauer die Handgelenke. Vorsicht: Manchmal ist die Befestigung einer Lenkertasche wegen der Zugverlegung am Lenker stark erschwert! Für sportliches Fahren sollte die Lenkerhöhe in etwa der Sattelhöhe entsprechen.

Pedale

Für den sportlich ambitionierten Tourenradler sind Click-Pedale selbstverständlich. Doch normalerweise tun's auch gewöhnliche Pedale. Da kann man dann auch mal mit Sandalen fahren und sich den Fahrtwind um die Zehen wehen lassen. Ein sehr guter Kompromiss, aber etwas schwerer, sind Pedale mit normaler Trittfläche auf der einen und Click-Einsatz auf der anderen Seite (hierbei ist aus Stabilitätsgründen der Ausführung aus Metall der Vorzug zu geben).

Vorder- und Hinterrad

Wählen Sie stabile Hohlkammerfelgen aus Aluminium. Die Reifen sollten nicht zu schmal sein, die Mäntel über einen Kevlar-Pannenschutzschicht verfügen (z. B. Schwalbe Marathon® o.ä.).

Bremsen

Es ist offensichtlich, dass vernünftige Bremen nicht nur bei voll beladenem Drahtesel und steiler Passabfahrt lebensverlängernd wirken können. Die Bremsen sollten auch bei Nässe das Fahrrad sicher zum Stehen bringen. Zu empfehlen sind „V-Brakes". Hydraulik-Bremssysteme (Magura®) bringen zwar noch etwas mehr Bremsleistung, doch bei Pannen unterwegs ist man leider chancenlos.

Schaltung

Die Kettenschaltung sollte mindestens 21 Gänge haben. Ein kleiner Berggang ist kein Luxus. Bei Stürzen oder wenn das Fahrrad mal umfällt ist ein Schaltschutzbügel sehr beruhigend. Ob man klassische Schalthebel oder Grip-Shift bevorzugt, sei dem persönlichen Geschmack überlassen. Mittlerweile sind absolut hochwertige tourentaugliche Nabenschaltungen erhältlich. Sie sind robust und pannensicher, bisher aber noch recht teuer.

Trinkflaschen und Flaschenhalter

Flaschenhalter aus Plastik klemmen und scheppern nicht. Die zwei Trinkflaschen sollten nicht aus Plastik bestehen (schmeckt sehr abstoßend, vor allem in großer Hitze). In Trinkflaschen aus Aluminium dürfen keine Säfte o. ä. eingefüllt werden, weil dadurch das Material angegriffen wird. Eine preisgünstige Alternative sind Einweg-PET-Flaschen aus dem Supermarkt, für die es mittlerweile passende Flaschenhalter gibt.

Fahrradtacho

Der Tacho ist sehr wichtig zur Orientierung und außerdem ein nettes Spielzeug. Er muss wasserdicht sein. Für fleißige Pass-Fahrer ist die Anschaffung eines Tachos mit Höhenmesser-Funktion sinnvoll.

2.2 Fahrradwerkzeug und einfache Reparaturen

Die Auswahl des Fahrradwerkzeugs ist eine Gratwanderung zwischen Reparatur- und Gewichtsüberlegungen. Das Werkzeug und die Ersatzteile, die nötig wären, um alle denkbaren Pannen beheben zu können, sind leider viel zu schwer zum Mitnehmen. Daher liegt der Schwerpunkt meiner Empfehlungen einerseits bei Hilfsmitteln zur Reparatur der häufigsten Ausfälle (Plattfuß, Bruch von Schrauben, Speichenbruch, Seitenschlag...) und andererseits bei möglichst vielseitig einsetzbaren Werkzeugen und Hilfsmitteln, um überraschende Pannen mit ein wenig Improvisationstalent zumindest provisorisch beheben zu können.

Damit man das Werkzeug schnell findet, wenn es benötigt wird, sollte man nicht alles in eine große Plastiktüte werfen. Zur Aufbewahrung der Utensilien hat sich die so genannte „Werkzeugwurst“ gut bewährt. Man kann sich aus stabilen Stoff, z. B. Jeans-Stoff, selbst ein solches Exemplar anfertigen. Die „Werkzeugwurst“ wird mit Werkzeug und Kleinkram (dieser ist am besten in leeren Filmdosen aufgehoben) gefüllt, zusammengerollt und mit Hilfe eines Spanngurtes fixiert.

Plattfuß

Zum Beheben von „Plattfüßen“ hat sich folgende Taktik bewährt: Anstatt den kaputten Schlauch vor Ort zu flicken, wird sofort der mitgeführte Ersatzschlauch eingebaut (Reifenheber aus Plastik können das Lösen des Mantels von der Felge deutlich erleichtern und verletzen den Schlauch nicht), natürlich nicht ohne vorher den Mantel an Innen- und Außenseite nach Steinchen, Scherben o. ä. abzusuchen. Den defekten Schlauch nicht sofort zu flicken spart unterwegs eine Menge Zeit und Nerven. Nach der Etappe kann man dann am Abend in aller Ruhe das Loch im kaputten Schlauch suchen. Zu diesem Zweck werden der Schlauch aufgepumpt und die Ohren gespitzt. Wasser ist nur selten nötig. An der betreffenden Stelle wird der Schlauch mit Schleifpapier o. ä. angerauht, auf den leicht aufgepumpten Schlauch dünn aber großflächig Vulkanisierungsflüssigkeit aufgetragen, und nach ausgiebigem Trocknen schließlich der Flicken (Tip-Top® sind die besten) aufgeklebt. Kräftig andrücken!

Luftpumpe

Wegen der Diebstahlgefahr sollte die Luftpumpe nicht am Rahmen transportiert werden. Sinnvoll ist eine Teleskop-Luftpumpe, die in die Werkzeugwurst passt. Ventil und Pumpe müssen zusammenpassen.

Bruch von Schrauben

Besonders die Schrauben der Gepäckträgerbefestigung neigen dazu, früher oder später zu brechen. Aber auch an allen anderen Schrauben können sich z. B. Muttern lösen und man verliert sie unbemerkt. Daher ist es nötig, von allen am eigenen Fahrrad verwendeten Arten von Schrauben, Inbussschrauben, Beilagscheiben und Muttern je nach Häufigkeit mehrere bis viele als Ersatz dabei zu haben. Filmdosen eignen sich gut zum Transport von Kleinkram wie diesem.

Multi-Tools

Multi-Tools bringen erfahrungsgemäß keinen Gewichtsvorteil gegenüber der Mitnahme der tatsächlich benötigten Maulschlüssel, Inbusschlüssel und Schraubendreher. Multi-Tools haben aber den Vorteil, dass sie viel Werkzeug auf kleinem Raum unterbringen und somit Platz sparen. Auf zwei Punkte sollte man achten, wenn man ein Multi-Tool mitnimmt: Vorher sollte man unbedingt ausprobiert haben, ob mit dem teilweise ziemlich klobigen Multi-Tool auch wirklich alle Schrauben etc. erreichbar sind. Wenn nicht, muss dafür ein extra Werkzeug mitgenommen werden. Außerdem hat sich ein großer Längsschlitz-Schraubendreher bewährt. Er ist vielseitig einsetzbar und kann zur Not auch mal als Hebel oder beim Improvisieren für sonstige Schandtaten herhalten!

Speichenbruch, Seitenschlag

Der Speichenbruch ist eines der heikleren Themen der Instant-Fahrradreparatur. Führen Sie auf jeden Fall mehrere Ersatzspeichen mit und beachten Sie, dass die Speichen am Hinterrad auf der Zahnkranzseite kürzer sind als auf der anderen Seite (Transport der Ersatzspeichen am besten im Sattelrohr durch einen Korken gespießt). Im Fall eines Speichenbruchs muss die geborstene Speiche sofort ersetzt werden, denn ansonsten sind die Nachbarspeichen erheblich mehr belastet und brechen mit hoher Wahrscheinlichkeit ebenfalls in Kürze.

Als erstes muss die kaputte Speiche entfernt werden. Der Rest wird am besten in der Mitte um ca. 45 Grad abgebogen, mit dieser „Kurbel“ kann man ihn dann leicht aus dem Speichennippel herausdrehen. Der Speichennippel verbleibt in der Felge, es ist nicht nötig den Mantel abzuziehen. Anschließend muss die Ersatzspeiche eingefädelt werden. Oft sind kleine Biegungsradien erforderlich, was die Sache mühsam macht.

Die neue Speiche wird in etwa so stark gespannt wie die benachbarten Speichen. Falls dann noch ein Seitenschlag vorhanden ist, versucht man diesen mit dem Speichenschlüssel auszugleichen. Das kann eine knifflige Angelegenheit sein. Beginnen Sie zunächst mit halben Umdrehungen des Speichenschlüssels und beobachten Sie die Reaktion der Felge, dann langsam vortasten.

Bei einem Speichenbruch hinten rechts (Zahnkranzseite) benötigt man einen Zahnkranzabzieher. Provisorisch und auf Reisen deutlich eleganter ist das Problem mit einer so genannten „Drahtspeiche“ zu lösen (gibt's z. B. bei Globetrotter.de). Der Clou: Für den Mittelteil der Speiche wird ein flexibles Drahtseil verwendet, so dass die Speiche problemlos eingefädelt werden kann. Vor Antritt der Reise müssen die „Erste-Hilfe-Speichen“ auf die richtige Länge gekürzt werden. Mit einer solchen Speiche habe ich in Schottland ohne Probleme mehrere hundert Kilometer zurückgelegt.

Weitere sinnvolle Ersatzteile

Unbedingt nötig sind je ein zusätzlicher Brems- und Schaltzug und Ersatzbirnchen für vorne und hinten. Ein Ersatzmantel (evtl. Faltmantel) ist nur bei Reisen in abgelegene Gebiete nötig. Ersatz-Bremsbeläge kann man sich sparen, wenn man vor der Tour neue Bremsbeläge montiert. Je nach Fahrstil ist bei Radreisen über ca. 2.000 km ihre Mitnahme trotzdem sinnvoll.

Weitere sinnvolle Werkzeuge

Eine Spitzzange mit Seitenschneiderfunktion darf auf keinen Fall fehlen. Wer mit dem Flugzeug anreist, benötigt einen großen Maulschlüssel zur Entfernung der Pedale für den Flugtransport. Ein Kettennietendrücker, auch als Multi-Tool-Funktion erhältlich, ist sinnvoll. Zum Improvisieren wichtig sind eine kleine Feile, ein Feuerzeug, und für größere Probleme auf längeren Touren eine Rohrzange (aus Gewichtsgründen evtl. Griffe kürzen).

Improvisations-Bedarf

Neben dem passenden Werkzeug stellt der Improvisations-Bedarf das Herzstück eines jeden Fahrradwerkzeugs dar und muss sorgfältig ausgewählt werden.

- Klebeband: Für kleinere Aktionen reicht einfaches Isolierband. Für die Notreparatur von z. B. Schutzblechen, durchgefahrenen Mänteln oder für ähnliche ehrgeizige Projekte hat sich ein sehr breites, extrem gut haftendes Gewebeband (Duck Tape®, „Panzerklebeband“) bestens bewährt, es sollte in keinem Fahrradwerkzeug fehlen.

- Klebstoffe: Hier muss unterschieden werden zwischen Klebungen, die unflexibel aushärten müssen, und solchen, die elastisch bleiben sollen. Für endgültige Lösungen zur Reparatur von gebrochenen Fahrradteilen u. ä. bietet sich schnell aushärtender Zwei-Komponenten-Kleber an. Zur Reparatur von z. B. Fahrradschuhen, Packtaschen, Zelt etc. ist der „Flüssiggummi“ Seam Grip® die optimale Lösung. Nach dem Trocknen bleibt dieser Wunder-Klebstoff elastisch. Zur Ausbesserung z. B. eines 1-Euro-Stück großen Loches im Zelt überklebt man dieses Loch zunächst von innen mit Isolierband. Dann wird von außen dick Seam-Grip® aufgetragen. Nach einer Trockenzeit von ca. 5-10 Stunden kann das Isolierband abgezogen werden und das Zelt ist wieder dicht!

- Eisenwaren-Kleinzeug: Mit Rohrschellen (verschiedene Größen einpacken) und Lochblech-Streifen kann z. B. ein gebrochener Gepäckträger geschient werden. Weitere nützliche Kleinigkeiten, die man nicht vergessen sollte, sind Stromkabel, Lüsterklemmen (damit kann man auch beispielsweise einen gerissenen Schaltzug provisorisch reparieren), Schnur, Draht und Kabelbinder in verschiedenen Größen. Besonders wichtig ist ein umfangreiches Schrauben-, Beilagscheiben- und Muttern-Sortiment wie bereits geschildert.

- Nähzeug: Mit nur äußerst geringem Mehraufwand an Gewicht kann man fast alle Probleme mit Kleidungsstücken, Packtaschen und Zelt dauerhaft lösen. Einige stabile Nähnadeln und Garn gehören auf jeden Fall ins Gepäck, außerdem ein wenig Gurtband, Ersatzschließen und Flicken aus dem Packtaschenmaterial.

Fahrrad-Wartung unterwegs

Der wöchentliche Ruhetag sollte zwar hauptsächlich, aber nicht ausschließlich der Erholung und der Nahrungsaufnahme dienen. Er ist auch eine gute Gelegenheit, das tapfere Fahrrad zu inspizieren und zu pflegen.

Die Kette sollte regelmäßig mit Kettenfett behandelt werden (nicht zu viel auftragen). Bei großer Verschmutzung sollte die Kette mit dem Kettennietendrücker entfernt und einen Tag lang in Coca-Cola® oder fünf Minuten in Reinigungsbenzin eingelegt werden. Sehr ergiebig sind auch Ausbau und Reinigung der zwei kleinen Zahnräder des Schaltwerkes.

Außerdem sollten die Bremsbeläge überprüft werden. Ungleich gespannte Speichen oder Seitenschläge müssen sofort reguliert werden. So kann man Speichenbrüchen wirksam vorbeugen.

2.3 Gepäcktransport am Fahrrad

Neben einem pannenfreien Fahrrad können je nach bereister Klimazone wasserdichte Packtaschen über den Spaß an einer Fahrradreise entscheiden. Denn wer pausenlos damit beschäftigt ist, seine Kleidungsstücke, Landkarten und Geldscheine zu trocknen, hat man weniger Zeit und Muße dafür, die Radreise zu genießen und richtig zu entspannen.

Für den Luxus, sich keinerlei Gedanken um Wassereinbrüche in seine Packtaschen machen zu müssen, ist leider eine kleine Investition nötig, denn die Ortlieb®-Packtaschen (inzwischen gibt es auch ähnliche Konkurrenzprodukte) sind nicht ganz billig. Dafür hat man dann aber auch das absolute Optimum erstanden. Diese Packtaschen sind aus extrem strapazierfähiger Lkw-Plane hergestellt und bestechend einfach aufgebaut. Der geniale Rollverschluss ist wasser- und sogar luftdicht (Reißverschlüsse sind weder regenfest noch langlebig). Der Mechanismus zum Aufhängen am Gepäckträger ist mit einem Handgriff zu bedienen und sitzt bombenfest.

Der Aufhängemechanismus moderner Packtaschen ist so konstruiert, dass der Schwerpunkt des Gepäcks möglichst niedrig liegt, was den Fahrkomfort verbessert. Außerdem sollte man nicht das gesamte Gewicht nach hinten packen. Am besten verstaut man die Hälfte des Gewichts in den größeren Packtaschen hinten („Backroller“) und die andere Hälfte in den kleineren vorne („Lowrider“). Auch die Seitenverteilung des Gewichtes sollte ungefähr ausgewogen sein.

Auf dem Gepäckträger finden die Zeltstangen Platz. Falls ein Packsack benötigt wird, sollte er wasserdicht sein (gibt’s auch von Ortlieb®...) und längs auf dem Gepäckträger verzurrt werden, damit die großen Packtaschen zugänglich bleiben. In den Packsack, der einen relativ hohen Schwerpunkt hat, gehören voluminöse aber leichte Ausrüstungsgegenstände. Das können z. B. Schlafsack, Matte oder Schuhe sein.

Wer nicht gerade mit einem Mountainbike (ohne Gepäckträger) unterwegs ist, sollte sich „den Rücken freihalten“ und beim Radeln keinen Rucksack tragen. Oft benötigte Gegenstände wie Geldbeutel, Fotoapparat oder Lexikon gehören in eine Lenkertasche. Wer nicht an jeder Kreuzung die Landkarte herauskramen will, steckt sie in eine Kartentasche auf der Lenkertasche. Empfehlenswert sind Lenkertaschen, die mit einem Click-Verschluss an einer fest an den Lenker geschraubten Halterung eingehängt werden. So kann die Tasche mit den Wertgegenständen mit einem Handgriff abgekoppelt und z. B. in den Supermarkt mitgenommen werden.

Gute Packtaschen und eine vernünftige Lenkertasche sind nicht ganz billig. Dafür halten die robusten Taschen dann auch meist ein Radlerleben lang, bekommen mit jedem Abenteuer eine neue Schramme dazu und wachsen einem ähnlich ans Herz wie das treue Reiserad.

2.4 Kleidung

Wer unterwegs öfters seine Kleidung wäscht, kann sich eine ganze Menge an Gepäck sparen. Ob man zwei Wochen oder zwei Monate lang verreist, ändert nichts an der Zahl der benötigten Kleidungsstücke. Entscheidend für die Auswahl sind vielmehr die bereiste(n) Klimazone(n).

Ein wichtiger Grundsatz, der sich in der Praxis sehr bewährt hat, ist die „Arbeitskleidung“ zum Radeln strikt von der „Freizeitkleidung“ für den Abend und die Ruhetage zu trennen.

So hat man immer noch eine zweite Garnitur dabei, die nicht täglich durchgeschwitzt oder vollgeregnet wird. Die „Freizeitkleidung“ bleibt

immer trocken – so freut man sich jeden Abend auf den Kleidungswechsel! Bei nasskaltem Wetter kostet es zwar morgens ziemliche Überwindung, in die noch vom Vortag feuchten Klamotten zu schlüpfen, aber nach einer Stunde Fahrt ist das sowieso egal.

Fahrradbekleidung

Die Kleidung zum Fahrradfahren muss in erster Linie funktionell sein. Das bedeutet einerseits, dass der Schnitt fahrradtauglich sein muss, und andererseits, dass das Gewebe die Feuchtigkeit vom Körper weg transportieren muss. Beim Kauf neuer Kleidungsstücke sollte man darauf achten, dass sie zu einem möglichst hohen Anteil aus Kunstfaser bestehen. „Funktionelle" Gewebe haben den Vorteil, dass sie den Schweiß nicht speichern, nicht klatschnass auf der Haut kleben und den Fahrradfahrer auskühlen, sondern die Feuchtigkeit nach außen transportieren und verdunsten lassen. Selbst diese speziellen Gewebe stoßen an ihre Grenzen, wenn man „Rotz und Wasser schwitzt", aber spätestens in den Pausen trocknen diese Kleidungsstücke dann rasant. Baumwoll-T-Shirts dagegen bleiben noch längere Zeit ungemütlich, und eine nasse Baumwoll-Jeans ist so ziemlich das unangenehmste was man sich vorstellen kann.

Für Radreisende bieten Kunstfasergewebe den unschätzbaren Vorteil, dass man beispielsweise am Abend noch schnell seine „Arbeitskleidung“ waschen kann, und sie schon am nächsten Morgen wieder trocken ist. Baumwollgewebe dagegen bekommt man nur an einem sonnigen Ruhetag wieder trocken, und wenn das Wetter dann nicht mitspielt, wird die Kleidung zunehmend „uneinladender“.

Meine Fahrradbekleidung für die Gibraltour:

- Fahrradhose mit Schaumstoffeinlage: Bis zum ersten „Wolf“ bei meiner ersten Radreise dachte ich auch, dass das doch eigentlich nicht sein müsste...
- Fahrradtrikot aus Kunstfasergewebe
- Fahrradhandschuhe: Verhindern Schwielen oder Blasen an den Händen und bei Stürzen schlimmeres!
- Click-Schuhe: Natürlich geht es auch ohne, aber wer einmal einen Berg damit hochgefahren ist, gibt sie nicht mehr her.
- Fahrradbrille: Nicht nur gegen die Sonne, auch ein probates Mittel gegen Fahrtwind und Fliegen!
- Bei Hitze: Schirmmütze.
- Bei Kälte: Baumwollhemd (Bald nach der Tour ersetzte ich es durch ein langärmliges Kunstfaser-Oberteil...)
- Bei Regen: atmungsaktive Regenjacke mit langen Unterarmreißverschlüssen, Regenhose mit durchgehendem Reißverschluss an den Seiten zum schnellen Einstieg. Für die nächste Radreise besorgte ich mir noch regenfeste Überschuhe.

„Freizeitkleidung“

Auf meiner Tour durchreiste ich sämtliche Klimazonen, die Europa zu bieten hat. Von eisigen Nächten mit Temperaturen unter dem Gefrierpunkt bis zu tropischer Hitze bei weit über 30 Grad war alles dabei. Daher mussten meine mitgeführten Kleidungsstücke sehr vielseitig verwendbar sein. Ich musste nach dem Zwiebelprinzip alles übereinander anziehen können, ohne dass es unbequem wurde.

Außer meiner Fahrradbekleidung hatte ich noch Folgendes dabei: Eine lange, dünne Hose aus Kunstfaser (Nylon) für den Abend und die Ruhetage, eine kurze Hose aus Kunstfaser, zwei Funktions-T-Shirts, Funktionssocken, Funktionsunterwäsche, eine warme Fleece-Jacke, eine dünnere Fleece-Hose, eine Badeshort, ein Paar Sandalen und ein Paar feste Halbschuhe. Da ich aus Gewichtsgründen nur einen dünnen Sommerschlafsack dabei hatte, zog ich in den eisigen Nächten in den Alpen sämtliche Kleidungsstücke übereinander an (mit Ausnahme der Regenhose natürlich), was dann für eine akzeptable Schlaftemperatur sorgte.

2.5 Zelt, Matte, Schlafsack

Eine Radreise bringt mit sich, praktisch jeden Abend woanders zu übernachten. Wer sich jede Nacht eine Pension oder ein Hotel leisten will, spart sich einen Haufen Ausrüstung und kann sein Gepäck auf das absolute Minimum reduzieren. Doch ist dann das Übernachten nur in Städten oder Dörfern mit touristischer Infrastruktur möglich, und viele wunderschöne Radreisegebiete scheiden mangels ausreichender Bevölkerungsdichte aus.

Eine eigene Campingausrüstung sorgt für Flexibilität und ermöglicht das Übernachten in der freien Natur. Auf dem Markt ist eine große Auswahl von Zelten, Matten und Schlafsäcken erhältlich, die sich qualitativ, im Gewicht und im Preis erheblich unterscheiden.

Zelt

Das ideale Zelt ist groß, windstabil, nicht allzu teuer und wiegt unter drei Kilogramm. Leider hat noch niemand diese Eier legende Wollmilchsau erfunden.

Was sollte man vor dem Kauf eines Zeltes bedenken?

- Größe: Das Zelt muss so groß sein, dass einem auch an einem Regentag nicht die Decke auf den Kopf fällt. Sehr nützlich sind eine oder mehrere Apsiden, d. h. „Vorräume“. Hier können die Packtaschen gelagert werden, und bei üblem Sauwetter kann man hier auch mal kochen – mit Vorsicht natürlich.

- Zeltform: Zelte, die von der Igluform abgeleitet sind, stehen zur Not auch ohne Heringe und sind, vor allem wenn es sich um einen „Geodäten“ mit zahlreichen Stangenkreuzungspunkten handelt, sehr windstabil. Nachteil: Höheres Gewicht. Tunnelzelte hingegen bestechen durch geringes Gewicht und gute Raumnutzung (steilere Wände). Nachteil: Abspannung ist unbedingt erforderlich, was auf widrigem Untergrund ein Problem werden kann. Die gute alte „Hundehütte“ hat ausgedient.

- Material: Hier gilt leider, dass Qualität einfach ihren Preis hat... Optimum für das Außenzelt ist silikonisiertes RipStop-Gewebe. Die Stangen sollten aus Aluminium sein, Finger weg von Glasfasergestänge (sehr schwer, bruchgefährdet).

- Gewicht: Als Radler kann man ein etwas höheres Gewicht tolerieren als z. B. ein Wanderer. Dies dankt einem der Geldbeutel. Ein geräumiges Einpersonenzelt sollte jedoch nicht mehr als 2,5 bis 3 kg wiegen, ein Zweipersonenzelt nicht mehr als 4 bis 4,5 kg.

Matte, Schlafsack

Als optimale Reisematte haben sich die Luftmatten mit Schaumstoffkern, wie sie zuerst von der Firma Therm-a-Rest® hergestellt wurden, herausgestellt. Sie sind in verschiedenen Dicken und Längen erhältlich, und auch in einer der Länge nach faltbaren Version für ein noch kleineres Packmaß. Der Schlafkomfort übertrifft den einer Isomatte um Welten. Neuerdings gibt es auch Luftmatten mit Daunenfüllung, z. B. von der Firma Exped, deren Gemütlichkeit und Gewicht sehr gelobt werden, die jedoch noch recht teuer sind. Auf der Gibraltour hatte ich eine Standardmatte von Therm-a-Rest® dabei.

Beim Schlafsack muss man sich zwischen Kunstfaser- und Daunenfüllung entscheiden. Eine Kunstfaserfüllung ist weniger feuchtigkeitsanfällig und wärmt auch noch in klammem Zustand, zudem ist sie preisgünstiger. Nachteil: Mehr Gewicht und größeres Packmaß. Ein Daunenschlafsack ist ultraleicht, warm und hat ein minimales Packmaß. Nachteil: Darf auf keinen Fall nass werden, ist teurer. Auf meiner Tour hatte ich einen recht sommerlichen Kunstfaserschlafsack dabei, ein Kompromiss aus Preis und Gewicht. Denn wer im Schlafsack friert, kann immer noch nach dem Zwiebelprinzip all seine Kleidung anziehen.

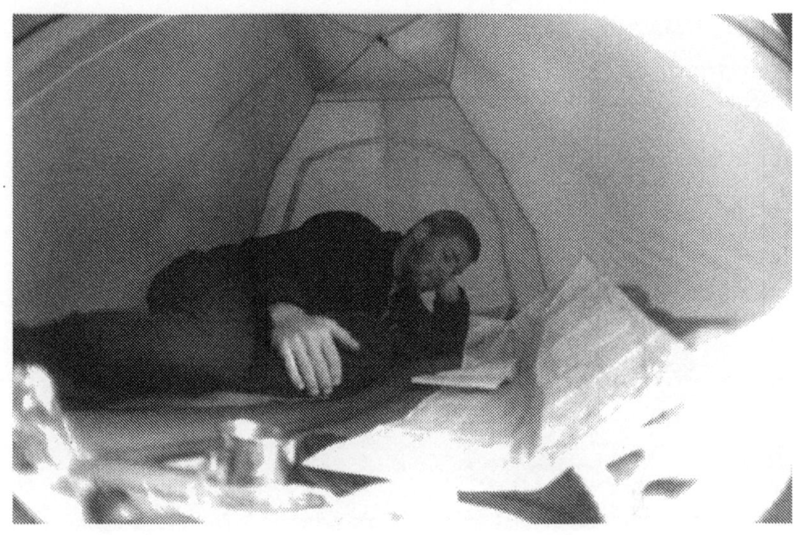

Dachgeberverzeichnis

Für Radreisen durch Deutschland gibt es eine tolle Alternative bzw. Ergänzung zum Campen: Das „Dachgeberverzeichnis", das vom ADFC gefördert wird, ist ein Übernachtungsverzeichnis auf Gegenseitigkeit. Jeder Radreisende kann Mitglied werden und anderen Radlern für eine Nacht ein Dach über dem Kopf anbieten. Im Gegenzug darf er kostenlos bei allen anderen Dachgebern übernachten. So kommt man schnell in Kontakt zu netten Leuten, die auf derselben Wellenlänge liegen, und kann preisgünstig verreisen. In Deutschland ist das Netz an Dachgebern in den meisten Regionen sehr flächendeckend. Weitere Information im Internet: http://www.dachgeber.de.

2.6 Kochen unterwegs

Generell gilt: Wer es sich leisten kann und jeden Abend essen geht, spart sich einen Haufen Gepäck. Dann muss man nämlich weder Kocher und Töpfe einpacken, noch Essensvorräte für den Abend. Doch in vielen Landstrichen kann es sehr schwierig sein, ein Restaurant aufzutreiben. Auch die wöchentlichen Ruhetage sind zu bedenken. Nicht zuletzt sind die servierten Portionen oft nicht geeignet, den Bärenhunger nach einer auch nur mittelmäßig anstrengenden Tagesetappe zu stillen.

Mit eigenem Kochzeug ist man unabhängiger, und in abgelegenen Gebieten kommt man ohne eine Kochausrüstung gar nicht über die Runden. Am Abend um den bullernden Kocher zu sitzen und sich dann die warme Mahlzeit schmecken zu lassen gehört für mich zum Radreisen einfach dazu. Anschließend braucht man nur noch in das schon aufgebaute Zelt zu kriechen und das Radlerglück ist perfekt!

Je nach kulinarischen Ansprüchen und Fähigkeiten und je nach Länge der Reise wird das Kochzeug mehr oder weniger umfangreich ausfallen.

Kocher

Für die Wahl des Kochers ist der Brennstoff entscheidend. Die Brennstoffe unterscheiden sich vor allem in der Heizleistung, in der Verfügbarkeit und im Preis. Doch egal, für welchen Kocher man sich entscheidet, ohne ein funktionierendes Feuerzeug (in mehrfacher Ausführung mitnehmen) geht gar nichts.

- Benzinkocher: Für den halbwegs bastelbegabten Reiseradler ist ein Benzinkocher die Ideallösung. Benzin ist billig und man bekommt es auf der ganzen Welt. Benzinkocher entwickeln sehr viel Hitze und auch bei starkem Wind muss die Küche nicht kalt bleiben. Zu beachten ist, dass der Kocher eine möglichst große Standfläche haben sollte. Wer nicht jeden zweiten Tag eine Tankstelle ansteuern will, kauft sich eine Ein-Liter-

Benzinflasche. Wegen des etwas unangenehmen Benzingeruchs sollten Kocher und Benzinflasche in einer anderen Packtasche als die Nahrungsmittel transportiert werden. Einen Benzinkocher zu starten erfordert ein bisschen Übung, und vor dem Ernstfall sollte man es mal zu Hause versucht haben.

In letzter Zeit wurden Benzinkocher deutlich weniger störungsanfällig. Das kritische Bauteil an einem Benzinkocher ist nämlich die Düse, in der das Benzin vergast wird. Bei der Verwendung von qualitativ schlechtem Tankstellenbenzin kam es früher oft zur Verstopfung der Düse mit Rußpartikeln, und zur Reinigung war es bei manchen Modellen nötig, den gesamten Benzinkocher zu zerlegen. Verständlicherweise hat man dazu nur wenig Lust, wenn der Magen knurrt. Daher empfiehlt sich der Kauf eines Benzinkochers mit Schütteldüse, die sich beim Transport durch die Bewegung selbständig reinigt.

Auf meiner Fahrradtour nach Gibraltar hatte ich einen solchen Kocher dabei (MSR Whisperlite®), der während der gesamten zwei Monate nie seinen Dienst versagte.

- Gaskocher haben den Vorteil, dass sie technisch einfacher aufgebaut sind als Benzinkocher. Doch die Heizleistung ist bei weitem geringer, bei Wind wird das Kochen zur Geduldssache und die benötigten Gaskartuschen gibt es nur in wenigen europäischen Ländern halbwegs flächendeckend zu kaufen (v. a. Deutschland, Frankreich). Gaskocher, die nur die Gaskartusche als Standfläche haben, fallen zudem leicht um.

- Spirituskocher sind einfach zu bedienen, doch außerhalb Deutschlands ist Spiritus nur schwer erhältlich und kann sehr teuer sein.

- Die Esbit-Kocher, die auch von der Bundeswehr verwendet werden, sind zum Kochen ungeeignet. Mit viel Geduld, bei absoluter Windstille und bei Außentemperaturen über 30 Grad schafft man es vielleicht, eine Tasse Tee zu erhitzen. Wer damit versucht, auch nur eine Dose Ravioli aufzuwärmen, wird nach kurzer Zeit verzweifeln und zum Müsliriegel greifen.

Kochgeschirr

Töpfe aus Aluminium sind zwar leicht, haben jedoch den gravierenden Nachteil, dass dann sämtliche Gerichte einen metallischen Beigeschmack annehmen. Daher empfiehlt sich der Kauf von Edelstahltöpfen. Der perfekte Kompromiss sind Töpfe in „Sandwich-Bauweise“, die innen aus Edelstahl und außen aus Aluminium bestehen. Töpfe aus Titan sind ultraleicht und ultrateuer.

Für zwei Personen benötigt man einen größeren Topf (~2 Liter) mit Deckel bzw. Pfanne und einen Kleineren (~1,5 Liter). Die Töpfe müssen ineinander passen. Sehr wichtig ist ein stabiler Topfheber. Wer aus den Töpfen isst, braucht keine Teller mitzunehmen. Ein großer Trinkbecher gehört zur Grundausstattung. Ein Teekessel, wie er in manchen Kochsets enthalten ist, ist dagegen entbehrlich.

Ein kleines Teflonpfännchen ist sehr komfortabel, wenn man Spiegeleier, Fleisch o. ä. braten will. Aus Gewichtsgründen kann der Griff abgeschraubt werden, denn der Topfheber tut’s auch. Wer sich den Luxus eines Pfännchens leistet, sollte dann auch den Holzschaber nicht vergessen.

Geschirrreinigung

Mit einem Topfreiniger (Glitzi®) lassen sich sämtliche Verschmutzungen beheben. Geschirrspülmittel kann durch Duschgel o. ä. ersetzt werden. Das Geschirrtuch legt man zum Transport zwischen die beiden Töpfe, damit nichts scheppert.

Besteck

Außer einem Löffel und einer Gabel gehört ein scharfes Messer mit einer längeren Klinge (z. B. von Opinel®) ins Reisegepäck. Normale Taschenmesser haben zu kurze Klingen, klappen leicht um und sind schlecht zu reinigen. Mit der Funktionsweise des Dosenöffners sollte man sich schon vor der Reise vertraut gemacht haben.

Sonstiger Kochbedarf

Für den Transport von Gewürzen sind am besten leere Filmdosen geeignet. Für Salz und Zucker benötigt man etwas größere wasserdichte Weithals-Behälter aus Plastik. Das Öl füllt man in eine stabile Kunststoffflasche um.

2.7 Koch- und Ernährungstipps

Da es in der Natur des Radreisens liegt, sich über einen längeren Zeitraum körperlich anzustrengen, kommt der reichlichen und ausgewogenen Ernährung ein besonderes Gewicht zu.

- Der absolute Großteil der Energie sollte in Form von Kohlenhydraten aufgenommen werden. Kohlenhydrate sind z. B. in Nudeln, Brot, Müsli, Obst, Säften, Schokolade und in Keksen enthalten.
- Je kälter die bereiste Klimazone ist, desto mehr Fette sollte man zu sich nehmen (Käse, Wurst, Schokolade etc.).
- Auch eine ausreichende Eiweißzufuhr ist zu beachten. Eiweiße sind u. a. in Milch, Käse, Eiern, Fleisch und Fisch enthalten.
- Falls nicht genügend Obst gegessen wird, kann die Einnahme von Vitaminpräparaten sinnvoll sein.
- Je nach Temperatur und Anstrengung sollten über den Tag verteilt vier bis acht Liter Flüssigkeit getrunken werden. Bei einer ausgewogenen Ernährung ist die Einnahme von Elektrolyt-Getränken nicht nötig.

Wer sich falsch ernährt oder zu wenig isst, lebt von seiner Substanz. Im Extremfall kann das auf längeren Radreisen dazu führen, dass der Körper auszehrt. Man ist weniger leistungsfähig, anfälliger für Krankheiten und muss die Radreise vielleicht sogar frühzeitig abbrechen! Um das zu vermeiden, sollte bewusst auf die Ernährung geachtet und nicht am falschen Ende gespart werden.

Frühstück

Im Normalfall verzögert es in der Früh den Aufbruch um einiges, wenn man den Kocher anwirft. Daher bestand mein Frühstück während der Gibraltour meist nur aus Keksen, Gebäckstücken oder Obst und Wasser.

Nur wenn es in der Früh wirklich kalt ist lohnt es sich, den Kocher zu aktivieren. Nach dem Kochen von Teewasser im kleinen Topf (die Verwendung des Deckels beschleunigt das erheblich) kann man sich im großen Topf z. B. Porridge kochen.

Für Porridge benötigt man Haferflocken, Wasser und Zucker und evtl. Milch, Rosinen, Nüsse, Obst und Schokoladenpulver. Zunächst wird ein wenig Wasser erhitzt, dann gibt man die Haferflocken dazu (Vorsichtig dosieren, sättigt sehr!). Hitze reduzieren und fleißig umrühren, damit nichts anbrennt. Wenn die Haferflocken aufgegangen sind, wird das Ganze gesüßt und mit Rosinen, Nüssen oder Obst verfeinert. Wenn vorhanden, kann man Porridge auch mit Milch anfertigen.

Unterwegs

Nach ca. ein bis zwei Stunden Fahrt ist meist das „zweite Frühstück" fällig. Kommt man unterwegs an einer Bäckerei vorbei, bieten sich z. B. Brot mit Schokoladenaufstrich, Honig oder Marmelade oder Gebäckstücke an. Wer den Löffel nicht zu tief in den Packtaschen verstaut hat, kann auch einen Joghurt essen. Für die weiteren kleinen Pausen sollte man immer Kekse, Schokolade, Müsliriegel und Obst (Äpfel, Birnen, Weintrauben, Bananen...) dabei haben.

Mittagspause: Bis zur Mittagspause sollte man ca. 2/3 der Tagesetappe geschafft haben. Man macht es sich unter einem Baum, auf einer Bank am Dorfplatz oder sonstwo gemütlich und isst Brot mit Käse oder Wurst, Tomaten, Obst und was man sonst noch so in der Futterpacktasche findet.

Abendessen

Abends kann man das tun, was man tagsüber lieber bleiben lassen sollte: Sich den Bauch so richtig vollhauen. Die von der körperlichen Arbeit entleerten Energiespeicher müssen wieder aufgefüllt werden, und das funktioniert am besten, indem man viele Kohlenhydrate isst. Ein halbes Pfund Nudeln pro Person sind keine Seltenheit. Einige klassische Benzinkocher-Rezepte:

Nudeln mit Tomatensauce: Der „Klassiker". Für zwei Personen benötigt man ein Pfund Nudeln (keine Spaghetti, unpraktisch zu kochen), eine Zwiebel, Knoblauch, eine große oder zwei kleine Tomatendosen und Gewürze. Als erstes wird im kleinen Topf die Sauce zubereitet. Dazu erst die Zwiebel und den Knoblauch klein schneiden und mit etwas Öl anbraten. Dann die Tomaten dazugeben. Meist ist noch etwas Wasser nötig. Salz und ein wenig Zucker zugeben. Zum Würzen bieten sich Oregano und Pfeffer an. Diese Tomatensauce ist beliebig erweiterbar und kann z. B. durch Sahne, eine Dose Thunfisch, Mais oder Bohnen erweitert werden. Anschließend werden die Nudeln gekocht (Nudelwasser gut salzen!). Mit Hilfe des Topfdeckels vorsichtig abgießen. Zum Schluss kann man die fertige Tomatensauce noch mal auf dem Kocher erhitzen. Guten Appetit!

Schinkennudeln: Für zwei Personen benötigt man ein Pfund Nudeln, eine Zwiebel und Speck bzw. gekochten Schinken. Die klein geschnittene Zwiebel wird mit etwas Öl im kleinen Topf angebraten und kurz darauf der gewürfelte Speck bzw. Schinken dazugegeben. Das Ganze kippt man zu den gekochten Nudeln, salzt vorsichtig und würzt mit Pfeffer. Fertig! Wer will, kann aus den angebratenen Zwiebeln und dem Speck auch mit Hilfe von Sahne eine Schinken-Sahne-Soße herstellen und mit Oregano und Pfeffer würzen.

Spiegeleier, Fischstäbchen, Fleisch u. ä.: Wichtig für die Eiweißzufuhr, vor allem auf längeren Radreisen. Für größere Brat-Aktionen zahlt es sich aus, ein Teflonpfännchen dabei zu haben. Am besten kocht man sich zuerst Kartoffeln oder ein Nudelgericht und isst dann die Spiegeleier/Fischstäbchen nach und nach dazu. Um zwölf Spiegeleier herzustellen, braucht man schon eine ganze Weile...

Wer nach all dieser Völlerei immer noch Hunger verspürt, füllt noch ein wenig Kekse nach, bis er gerade noch in den Schlafsack passt. Gute Nacht!

2.8 Diverser Reisebedarf

Beleuchtung

Eine Stirnlampe ist Gold wert! Man kann gleichzeitig etwas sehen und mit beiden Händen arbeiten – wichtig z. B. zum Zeltaufbauen und Kochen im Finsteren. Dass eine Kerzen-Zeltlaterne Luxus ist, gebe ich gerne zu. Aber ein bisschen Luxus darf sein, und das Licht einer Zeltlaterne, z. B. von NorthernLights®, ist einfach urgemütlich.

Fotoausrüstung

Am besten einen möglichst robusten Fotoapparat auswählen, wenn man noch die Wahl hat. Ansonsten gilt: Bei Digitalkameras genügend Speicherkarten einkalkulieren, einen Ersatzakku mitnehmen und möglichst gut mit dem Strom haushalten (nicht stundenlang die bisherigen Reisebilder studieren). Ein Mini-Stativ ist eine tolle Sache, wenn man auch mal selbst im Bild sein will.

Hygienebedarf

Als Waschbeutel bietet sich ein ausklappbares Modell mit integriertem Aufhänge-Haken an, wie es sie mittlerweile von allen Marken gibt. Damit ist man unabhängig von sauberen Ablageflächen. Nicht vergessen: Nagelschere, Toilettenpapier.

Medizinisches

Gegen Sonnenbrand hilft nicht kleckern, sondern klotzen. Bei der Sonnencreme ist Lichtschutzfaktor 20 das Minimum für einen nicht vorgebräunten Mitteleuropäer. Gegen Wundscheuern im Schritt hilft das tägliche Auftragen von Vaseline in der „Risikozone“. Und vor Muskelkrämpfen schützt die regelmäßige Einnahme von Magnesiumtabletten (letztere können jedoch manchmal Bauchschmerz und Durchfall hervorrufen).

Ein kleines Erste-Hilfe-Set mit Verbandszeug, Pflastern und Handschuhen gehört auf jeden Fall mit auf die Reise. An Medikamenten empfiehlt sich die Mitnahme eines Schmerzmittels wie z. B. Ibuprofen, eines Durchfallmittels wie Loperamid (z. B. Imodium akut®) und einer Hautsalbe wie Dexpanthenol (z. B. Bepanthen®) für Schürfwunden oder Sonnenbrand.

Was man gerne vergisst

Einen Wecker braucht, wer sein Tagwerk bei tropischer Hitze früh beginnen will, oder wer am letzten Tag früh zum Flughafen muss.

Sehr praktisch: Ein kleiner Rucksack für den Stadtbummel oder die Bergtour am Ruhetag. Für diesen Zweck gibt es Modelle, die nur wenige hundert Gramm wiegen und sich auf Faustgröße komprimieren lassen. Der Tragekomfort ist dennoch erstaunlich (auf breite Schulterriemen und einen Brustgurt achten).

Zur Orientierung: Bei längeren Radreisen ist es sinnvoll, nicht nur Landkarten im Fahrradmaßstab (1:100.000 o. ä.) mitzuführen, sondern auch eine Übersichtskarte des gesamten beradelten Gebietes.

Wer es ohne Musik nicht aushält, sollte seinen Walkman, MP3-Player oder das Miniradio nicht vergessen. Ist an verregneten Ruhetagen tatsächlich Gold wert für die Moral der Truppe.

Für die Geschichtsschreibung: Ein Tagebuch, und sei es nur ein kleines Schulheft, ist im Nachhinein eine super Sache.

2.9 Packliste für die Gibraltour

Kleidung am Körper

Funktions-Unterhose, Fahrradhose, Trikot, Fahrradhandschuhe, Funktionssocken und Click-Schuhe, Sonnenbrille mit abnehmbarem Sonnenfilter, „Auf-nach-Bayern"- Cap.

Am Fahrrad

Fahrradtacho, Spiralschloss, zwei Fahrradflaschen à 0,7 Liter.

Lenkertasche

Fotoapparat mit Zoomobjektiv (28-200 mm) und Polfilter, Ersatzbatterien für die Kamera, drei 100-ASA-Diafilme, ein 400-ASA-Film, Opinel-Klappmesser, Wörterbuch, Kauderwelsch Sprachführer, ein Röhrchen Multivitamintabletten, Sonnencreme, Tagebuch, Übersichts-Landkarte, Geldbeutel, Kugelschreiber, dünner Edding, Bleistift, eine Packung Taschentücher, in der Kartentasche die aktuelle Landkarte.

Vordere Packtasche (Lowrider) links

Fahrradwerkzeug, zwei Ersatzschläuche, Multifunktions-Werkzeug, Duck Tape, Bügelschloss, Tasse, zwei Töpfe, Teller bzw. Topfdeckel, Teflonpfännchen (ohne Griff), Topfheber, Gabel, Löffel, Holzschaber, weitere Kochutensilien, Topfreiniger, Geschirrtuch, Benzinkocher MSR Wisperlight® mit Reflektor und Windschutz, Feuerzeug, Stirnlampe, Zeltlaterne, weitere Fotoausrüstung (50 mm Objektiv, Zwischenring, Fisheye-Vorsatz).

Vordere Packtasche (Lowrider) rechts

Benzinflasche (1 Liter) mit Benzinpumpe, Innen- und Außenzelt, Zeltunterlage, Heringe, zusätzliche Zeltschnüre, Vordach (Tarp) für Regentage (mein Zelt hatte keine vernünftige Apsis), zwei leere 2-Liter-Wassersäcke.

Hintere Packtasche (Backroller) links

Futterpacktasche. Eine Dose Cola und Power Bars als Notration, Haferflocken, Rosinen, Kekse, Schokolade, Schokocreme, ein Glas Honig, Käse, Salami, Madelaines, viel Obst (Weintrauben, Birnen, Pfirsiche, ...), Nudeln, 0,5 Liter Öl, Salz, Zucker, Gewürze in Filmdosen, Zwiebeln, Knoblauch, Tomatendose, kleiner Rucksack, mehrere Röhrchen Multivitamintabletten, Sonnencreme, Toilettenpapier, Taschentücher, Ersatzkerzen.

Hintere Packtasche (Backroller) rechts

Regenhose, kurze Hose aus Kunstfaser, Badeshort, lange Hose aus Kunstfaser, zwei Funktions-T-Shirts, ein Paar Funktionssocken, eine Funktionsunterhose, Personalausweis, Finanzielles, gerade nicht benötigte Landkarten, Bücher, Reiseführer, zehn Diafilme, Walkman, drei Kassetten, Ersatzbatterien, Wecker, Block, Erste-Hilfe-Set, Shampoo, Waschbeutel mit Zahnbürste, Zahnpasta (Ajona), Vaseline, Handcreme, Imodium akut®, Magnesiumtabletten, diverse Medikamente, Nagelschere, Pinzette, Wattestäbchen.

Auf dem Gepäckträger

Zeltgestänge, Packsack

Im Packsack

Therm-a-Rest-Matte, Schlafsack, ein Paar feste Halbschuhe, Sandalen, Fleece-Hose, warme Fleece-Jacke.

Auf dem Packsack

Brot bzw. Baguette, Handtuch, Fahrradhelm (wenn nicht benötigt), Regenjacke, evtl. Tageszeitung, zwei 1,5-Liter-Flaschen Wasser (Frankreich) bzw. ein 5- oder 8-Liter-Kanister Wasser (Spanien).

www.ingramcontent.com/pod-product-compliance
Ingram Content Group UK Ltd.
Pitfield, Milton Keynes, MK11 3LW, UK
UKHW041945190726
13854UKWH00004B/1801